CLER BARBIERO DE VARGAS

A SOMBRA NOS GRUPOS E CÍRCULOS DE MULHERES

UM GUIA PARA CONSCIENTIZAR, INTEGRAR E CURAR AS RELAÇÕES FEMININAS

Pólen

São Paulo, 2019
2ª reimpressão

"Que a Sombra seja a Mestra, que a
Luz seja a Guia."

Cler Barbiero de Vargas

Este livro não seria possível sem a síntese de conhecimentos, as citações e os aprendizados que recebi de Mukara Meredith e seu método de dinâmica de grupos, Matrixworks. Convido-a a conhecer mais em www.matrixworks.com.

Minha honra e minha gratidão eterna a esta Professora Sábia, que mudou a forma de me relacionar e de conduzir todos os grupos dos quais faço parte, incluindo minha família, empresa e diversos grupos de ensino que coordeno.

SUMÁRIO

PREFÁCIO

POR CRISTINA BALIEIRO

SENDO UMA PESSOA QUE ESTUDA o Feminino há mais de 30 anos, escreveu três livros sobre o assunto e participou e coordenou vários círculos de mulheres, a primeira coisa que quero dizer sobre Cler e seu novo livro é que ela é uma mulher muito corajosa.

Corajosa porque toca na Sombra dos círculos de mulheres. Os círculos de mulheres e o Movimento do Milionésimo Círculo, proposto por Jean Shinoda Bolen, se tornaram uma referência mundial na busca de mudança da cultura patriarcal em que vivemos há milênios. Os círculos têm sido espaços de transformação de inúmeras mulheres, onde muitas resgatam sua autoestima, recuperam seu poder pessoal e desenvolvem a "sororidade": esse lindo conceito que significa reaprendermos a nos ver como "irmãs".

Falar, então, sobre a Sombra de algo que é tão caro e importante para tantas mulheres exige coragem. Tentamos enxergar só o lado luminoso dos círculos. Considero, porém, que, ao tocar na existência desse lado mais sombrio, Cler presta um serviço fundamental ao movimento e aos próprios círculos. Afinal, vamos reconhecer: não somos anjas! Parafraseando Nietzsche, "somos humanas, demasiadamente humanas", feitas de luz e sombra, além de também muito feridas pela cultura em que fomos criadas. Assim, toda nossa complexidade e ambiguidade psicológica podem aflorar em um círculo. Reconhecer, não negar e trabalhar as dificuldades – medos, agressividade, confusões, sofrimentos e outros sentimentos ruins que podem aparecer nesses grupos – é fundamental para fazê-los crescer e se fortalecer, assim como a cada mulher que dele participa.

Cler trata do assunto de forma muito cuidadosa, delicada e amorosa, mas não foge de abordar de forma direta e clara o problema. Mas, mais do que pôr o dedo na ferida, ela nos mostra que o caminho de encarar a Sombra pode ser aquele que nos leve ao mais profundo e amplo de nossas possibilidades.

Conhecer e reconhecer a nossa Sombra e a dos grupos a quem pertencemos, seja nossa família, nosso grupo de amigos ou nossos círculos de mulheres, traz três consequências extraordinárias. Em primeiro lugar, ao conhecer e reconhecer nossa Sombra, deixamos de projetá-las nos outros, o que seguramente torna o mundo um lugar melhor para se viver para todos nós. Além disso, nos humanizamos e tendemos a ser mais tolerantes e compassivos conosco e com os outros, o que também torna o mundo melhor.

E, em terceiro lugar, se nossa Sombra guarda muito das pequenas e grandes vilanias de que somos capazes, nela existe também muita riqueza que, por conta da nossa educação e de nossas circunstâncias, reprimimos. Trabalhar a Sombra pode trazer todas essas potencialidades à tona. Assim, trabalhar a Sombra das pessoas e dos grupos é também ajudar a mudar o mundo.

Mas Cler não permanece no simples apontar sobre a existência do lado sombrio que pode aparecer nos círculos e em suas participantes. Muito mais importante, ela constrói um guia valioso sobre como lidar com essa questão. Misturando sua experiência pessoal ao contar casos verdadeiros que viveu com um método claro de trabalho, ensina um passo a passo para lidar com os problemas advindos da Sombra, transformando-os uma oportunidade de crescimento e amadurecimento dos grupos e de cada participante.

Recomendo o livro da Cler tanto para estimular a reflexão quanto como um manual importante e poderoso na construção do movimento dos círculos. Para cada mulher que participa, coordena ou quer criar um círculo de mulheres, tenho certeza de que esse livro será uma ajuda fundamental. Quero terminar com as palavras da própria Cler: "Que a Sombra seja a Mestra, que a Luz seja a Guia".

COMEÇANDO A JORNADA

UM CONVITE A VOCÊ, IRMÃ

SENTE-SE AQUI AO MEU LADO, irmã querida. Quero lhe explicar por que desejo convidá-la para esta Jornada.

A motivação para escrever este livro vem dos inúmeros relatos de quebras, feridas e implosões de diversos círculos e grupos de mulheres que fico sabendo ou sobre as quais sou consultada para ajudar a resolver.

Temos essa ânsia de recuperar a antiga irmandade perdida, ouvimos esse chamado para nos sentarmos em círculos e compartilharmos nossos saberes, mas caímos na armadilha da Sombra que foi cuidadosamente tecida pelo Patriarcado nas relações femininas. Uma Sombra que envolve sentimentos negativos não conscientizados ou não nomeados, como inveja, ciúme, competição, desvalia em relação ao trabalho de outras mulheres. Uma ferida que, cada vez que é aberta, jorra sangue e lágrimas — e que, mais do que uma ferida pessoal, é uma ferida de gênero, que nasce com cada mulher neste planeta Terra. Com raríssimas exceções — sim, há sociedades matriarcais ou nas quais o Feminino e o Masculino estão equilibrados no mundo, mas infelizmente são exceção — o que vemos como cultura geral é uma cultura que desune e separa as mulheres.

Conheci muitos grupos em que a líder é como a aranha sendo comida pelas filhas — exaurida e desgastada, sempre tentando atender expectativas impossíveis. Porque, quando a líder de um grupo de mulheres se coloca no Lugar de receber as projeções de Mãe, o desastre é inevitável. Para atender àquelas crianças sedentas por sanar a relação com suas mães de sangue, ela terá de ser uma Deusa Mãe: perfeita e absoluta.

Conheci grupos nos quais o "poder sobre" (a hierarquia linear de cima-para-baixo) minou o "poder com" (colaboração, irmandade). Conheci grupos nos quais a líder tem dificuldade de ocupar seu Lugar e se vê diante de situações de "motim" o tempo todo, que prejudicam suas propostas e sua Visão inicial. Conheci grupos de mulheres supertalentosas, nos quais a inveja que nasce da admiração azeda no meio do caminho, cria um ambiente energético pouco seguro, que esgota a líder na tentativa de conter aquele rio subterrâneo de Sombra. E grupos nos quais a líder não está minimamente preparada ou iniciada para fazer seu trabalho de Guia e Guardiã, e só tem seu próprio Ego Imaturo para sustentá-la, o que vai encaminhar esse grupo — inevitavelmente — ao desastre. Conheci grupos nos quais o Caos implode — ele implode, podem crer — e a líder não estava preparada para mexer com delicadeza e sabedoria no Caldeirão que transforma o Caos Destrutivo em Caos Criativo, que gera o novo e as mudanças que ajudam todas a crescer. Conheci grupos nos quais a triangulação (fofoca) é tão descarada que há quase um grupo paralelo, com todas as conversas e críticas geralmente direcionadas à líder (uma típica situação aranha-mãe-sendo-comida-pelas-filhas). Tenho visto grupos que valorizam o *feedback*, mas o fazem sem o menor cuidado, sendo de fato críticas descaradas, sem a menor compaixão ou consciência do impacto que causam. Tenho visto grupos nos quais todos falam na terceira pessoa do singular ou primeira pessoa do plural — você/nós — sem nunca falar na primeira pessoa do singular, responsabilizando-se assim pelo que manifestam. Tenho visto grupos nos quais a mulher que chegou ferida sai mais ferida ainda, retraindo-se a cada vez que recebe um novo convite para participar. E é para que tenhamos grupos saudáveis, empoderadores — com crescimento, com enfrentamento do que precisa ser enfrentado, com um navegar mais tranquilo pelo Caos necessário à transformação, no qual o Coração possa estar nu e exposto sem medo — que escrevo estas linhas.

É a oferenda que coloco no altar de cada grupo de mulheres que se reúne. Tenha lá um altar de fato ou não, não importa. Meu desejo — do mais fundo do meu coração — é que possamos construir, a partir de ligações saudáveis e curativas, um mundo melhor para nós e para nossas filhas, netas e todas as descendentes que tenham nascido de nossa semente ou da semente de outra mulher.

Abra seu coração, irmã querida, e me acompanhe. Vamos começar invocando nossas matriarcas e entendendo o contexto do Patriarcado, para depois analisar as dinâmicas que regem o funcionamento dos grupos.

INVOCANDO AS MATRIARCAS SAGRADAS

IRMÃ PRECIOSA, VAMOS NOS DAR AS MÃOS e, pulsando juntas o coração, vamos agora — todas nós em peregrinação — iniciar esta Jornada Sagrada de Cura e Consciência. Nesta estrada, que pode apresentar perigos e armadilhas, invoquemos juntas aquelas que percorreram o Caminho antes de nós:

Hoje convoco a força e a presença das Matriarcas.

Convoco-as para que aquelas mulheres frágeis, quebradiças e submissas, que nunca realmente ocuparam seu lugar de Matriarcas, o lugar de "cerne" que sustenta o equilíbrio de sua família, possam receber o legado desta Sagrada Guiança.

Essas mulheres que não conseguiram ocupar o Lugar de Matriarcas, seja por terem sido podadas no florescimento de sua Presença no mundo, seja por acharem que não tinham as qualidades adequadas, seja porque a própria mãe ou a sogra não lhes permitiram, seja porque a vida as quebrou e não tiveram forças para Ser, hoje chamamos esta energia de LIDERANÇA, SABEDORIA, REFÚGIO para que abençoe e habite os lares destas mulheres que se acham frágeis. Convidamos a todas para que acendam a lareira ritual dentro dos lares e abençoem as mulheres-que-nasceram-para-ser-fortes, isto é, TODAS as mulheres.

Hoje chamo pela força do Feminino que lidera vidas, casas e famílias de um lugar de acolhimento, justiça, presença. Invoco a presença destas que tiveram úteros que fertilizaram muitas vidas, e corações que receberam muitos filhos alheios como se fossem seus, em todos os tempos, em todas as eras. Chamo as que multiplicaram alimentos quando estes eram parcos; as que os distribuíram quando eram abundantes. Aquelas que poderiam ser parteiras, curandeiras, criadoras de projetos, máquinas, processos, receitas, remédios. As que — com sua Presença — davam a todas segurança. As que melhoravam tudo ao seu redor, simplesmente por existirem.

Hoje recorro a essas qualidades para animar essas mulheres frágeis e quebradiças a ocupar este LUGAR SAGRADO — de guardiãs e de manifestadoras das qualidades femininas. Eu as chamo para esta cura, que é uma cura para todas as mulheres do mundo.

Eu invoco o Sagrado Clã das Matriarcas para renascer as mulheres que foram apagadas pelo medo, pelos abusos de toda sorte, pela crença de que são menos, de que nasceram em pecado e de que merecem ser punidas simplesmente por serem mulheres. Eu sussurro para todos os cantos do mundo, e por vezes grito para aquelas que se ensurdeceram de sofrimento, que venham, pois estamos colocando para vibrar no mundo novamente a FORÇA DAS MATRIARCAS — essas mulheres fortes e impactantes que em nenhum momento — nenhum! — duvidaram do valor de sua contribuição para sua família, sua comunidade, seu planeta. Essas mulheres que olhavam o corpo da Terra como seu reino, as ervas da terra como suas ajudantes, os alimentos do corpo da Terra como um presente a ser honrado e cuidado.

Eu invoco essas Mulheres Antigas, essas Mulheres Sagradas, para lembrar às jovens de hoje que elas são uma manifestação da Força, da Criatividade e do Divino Feminino. Eu as invoco para que nós, mulheres, lembremos como somos seres MILAGROSOS — somos aquelas que manifestam o milagre da vida, do novo. Nós somos o colo do mundo, nós somos aquelas que nutrem, animam e sustentam a força do Masculino no mundo.

Eu abro meus braços e invoco o Clã das Matriarcas, para que possam lembrar a cada mulher sobre a Terra de que não existem mulheres frágeis, só mulheres desconectadas de sua natureza. Não existem mulheres que não sejam IRMÃS. Eu as conclamo para que todas lembrem — meninas, donzelas, mães e anciãs — que somos pura MANIFESTAÇÃO.

E, testa no chão, reverencio todas as Matriarcas de minha família. Alinhada com elas, manifesto — plenamente — o imenso privilégio que é ser mulher.

INANNA, NOSSA INSPIRAÇÃO

NA CAPA DESTE LIVRO TEMOS uma representação de Inanna, Deusa do Amor, da Vida, da Guerra e Rainha dos Céus sumeriana. Deixe-me contar uma passagem importante da mitologia associada ao Seu nome, para que entendamos a importância de fazermos uma Jornada de Reconhecimento da Morte — do lado sombrio de todas as relações — que precisa ser entendido e integrado, para que possamos compreender todos os aspectos da Vida, da Luz e das Relações.

> Inanna é uma Deusa que foi cultuada 7000 a.C. e nasceu de pais divinos lunares, Nanna, Ningal ou An. Tem como irmãos Ereshkigal, Utu e Ishkur. Também chamada Innina, Innin, Ninanna, Ninmsara.
> A Deusa da Vida era considerada a Grande Mãe sumeriana e exercia poder sobre o amor, a guerra, a fertilidade e outros inúmeros atributos. Seus atributos são tão variados e múltiplos, muitas vezes conflitantes, que possivelmente ela é a fusão de várias Deusas da Antiga Suméria. **(Claudiney Prieto)**

Conta o mito que Inanna, desejosa de conhecer melhor os mistérios da vida, morte e renascimento, decidiu visitar o reino de sua irmã Ereshkigal, Deusa do Submundo. A regra para todos era que, a cada um dos sete portões, o visitante fosse deixando uma parte de sua vestimenta ou ornamentos, até que chegasse nu para o julgamento final. A famosa dança dos sete véus é a representação da chegada de Inanna no reino da irmã.

> No primeiro, removeu sua coroa,
> No segundo, removeu seus brincos,
> No terceiro, removeu seu colar,
> No quarto, removeu seu peitoral,
>
> No quinto, removeu seu cinturão,
> No sexto, removeu seus braceletes,
> No sétimo, removeu sua vestimenta
> **(Claudiney Prieto)**

Ao chegar diante de Ereshkigal, a irmã sombria, Inanna foi assassinada e seu corpo, pendurado em uma estaca. A Deusa da Morte assassinou a Deusa da Vida.

Enki, Deus da Sabedoria, preocupado com a demora de Inanna, mandou duas criaturas — Kurgara e Galatur — para resgatá-la. Quando chegaram, Ereshkigal sofria terrivelmente para dar à luz e eles compadeceram-se dela. Em agradecimento, ela cedeu a seus pedidos de devolver o corpo de Inanna, mesmo que a regra fosse que ninguém retornava de Seu reinado. Eles respingaram água e comida no corpo de Inanna e a reviveram. Inanna retornou a seu lugar como Rainha dos Céus, mas deveria enviar alguém para ocupar seu lugar no submundo.

Ao voltar, Inanna encontrou seu amado marido Damuzi reinando em seu lugar e, cega de fúria, enviou-o para Ereshkigal. Quando a irmã de Damuzi descobriu que Ele estava no reino dos mortos, decidiu ir até lá regatá-lo. Novamente, Ereshkigal permitiu que Damuzi voltasse e a irmã ficasse em seu lugar. Assim, no outono e no inverno Damuzi permanece no submundo e, na primavera e verão, vem à superfície para trazer semeadura e colheitas para o povo de Inanna.

Como a Jornada pode ser um pouco densa ao longo destas páginas, convido-a, Irmã querida, a colocar-se confortável e aberta, pois, assim como Inanna, precisaremos percorrer alguns caminhos subterrâneos e quem sabe reconhecer aspectos nem tão luminosos a nosso respeito e a respeito das pessoas que sentam ao nosso lado nas rodas e círculos da vida. Mas esta Jornada é imprescindível se desejamos construir pontes saudáveis entre o que é inconsciente e o que é consciente, porque o único propósito da Sombra é nos ajudar a ver aspectos não reconhecidos. E, ao fazê-lo e integrar o que está por trás do que de escuro encontramos, aquilo que era Sombra vira Guardião, para que sejamos as primeiras a reconhecê-la e nomeá-la quando a armadilha se apresente. A Sombra só existe para ser a Mestre. Caminhemos de mãos dadas com a Luz do Nosso Coração Que Anseia o Verdadeiro Encontro.

ECOFEMINISMO ESPIRITUAL

ENTENDENDO O CONTEXTO HISTÓRICO DA PROPOSTA DESTE LIVRO

HÁ UM MOVIMENTO — NO QUAL ESTOU INSERIDA — que começou em 1998, em uma convenção de mulheres em Kyoto, no Japão. Naquela época, feministas políticas se reuniriam com ecologistas e com mulheres envolvidas na espiritualidade feminina — aquelas dedicadas ao ressurgimento da Deusa. Essas líderes de diferentes áreas do feminismo encontraram pautas comuns e de lá pra cá surgiram movimentos como o Milionésimo Círculo, uma iniciativa da psiquiatra americana Jean Shinoda Bolen, que se baseia na teoria do biólogo inglês Rupert Sheldrake. Segundo essa teoria, quando uma "massa crítica" é construída, mudanças que levariam séculos podem acontecer em cinco anos ou menos. E Jean acredita que quando houver um milhão de círculos de mulheres ativos no mundo, o Patriarcado cai.

E por que é tão importante para as mulheres que o Patriarcado deixe de ser a cultura vigente no mundo? Porque TODOS os problemas de desrespeito, menos valia e dominação da mulher nasceram com ele. No Matriarcado não eram as mulheres que "mandavam", como algumas pessoas erradamente pensam. No Matriarcado, tudo girava em torno da Terra e da Natureza — mães criadoras e doadoras que permitiamm a vida e também propiciavam a morte, porque os ciclos de vida-morte-renascimento são importantes para a renovação de tudo que há. Na cultura matriarcal, as mulheres eram respeitadas como "vasos da Deusa" — aquelas que dão a vida, conhecem os ciclos e interagem com a lua, os elementos e a terra, para que tudo permaneça em equilíbrio. Nessas culturas, ninguém pensaria em um estupro coletivo ou em qualquer agressão contra uma mulher ou uma criança, porque ambas eram sagradas como toda vida era. Ninguém pensaria em fazer isso com um homem também. A dominação a partir da INVASÃO veio junto com o Patriarcado, quando tribos guerreiras passaram a tomar posse de terras do "povo da Deusa".

E a invasão mais profunda e irremediável que o Patriarcado instituiu foi a do corpo das mulheres, porque o intuito deles era quebrar sua ALMA. É sabido por todos os exércitos que, quando se quer quebrar um país invadido, é preciso estuprar suas mulheres, meninas e crianças para causar um dano tão profundo na Alma daquele povo que a submissão não será questionada por um longo tempo.

Desde sempre, o Patriarcado quis domar o poder das mulheres podando toda a grandeza de que ela é capaz, e ferindo seu bem mais precioso, que são seus filhos, desvalorizando-a e tirando-a da condição de "vaso da Deusa" para "vaso do homem".

E vejam, irmãs queridas, os homens perderam muito também com essa cultura. Temos uma imensidão de homens de Bem, que se dão o direito à sensibilidade, e que são acossados por padrões de "como ser homem". O problema não são os homens — pelo contrário — precisamos buscar e reafirmar a Aliança Sagrada com eles. O problema é uma CULTURA em que a mulher é vista como inferior, quando de fato a força de uma mulher pode manifestar coisas incríveis.

Não só filhos, mas projetos, ideias, sistemas. E essa cultura é tão danosa que está também incutida em nós, mulheres. Precisamos lutar para não repetir frases do tipo:

— Também, olha como ela estava vestida, estava pedindo.

— Já tinha sido mãe com 13 anos, deve ser uma boa bisca. Boa coisa é que não é...

— Para que se expor desse jeito?

E por aí vai.

O segundo dano que o Patriarcado causou foi quebrar a irmandade das mulheres. Foi colocá-las como rivais, inimigas, competidoras. No Matriarcado, o simples fato de nascer mulher fazia de você um Ente de toda a irmandade feminina planetária.

Precisamos nos proteger de novo, precisamos nos acolher de novo, precisamos nos abraçar e sonhar juntas um mundo seguro para nós, nossas filhas e netas. Precisamos de novo vibrar no profundo poder compassivo, receptivo e mágico da mulher, para que essa cultura seja, definitivamente, destroçada.

Para que possamos recuperar a memória do tempo em que nascer mulher era ter milhões de IRMÃS em todos os cantos do mundo, em que nascer mulher era garantia de proteção, cuidado e acolhimento de suas irmãs de gênero é que este pequeno livro foi escrito. Para que possamos atravessar o aspecto sombrio e danoso que o Patriarcado incutiu nas relações femininas e emergir do outro lado, de mãos dadas, sorriso no rosto, coração aberto!

Nossa jornada começa, então, entendendo os mecanismos dos grupos.

OS GRUPOS E CÍRCULOS DE MULHERES E SUA SOMBRA

INCLUSÃO, CAOS E CONSCIÊNCIA

OS TRÊS CICLOS QUE ACONTECEM CONTINUAMENTE NOS GRUPOS

FACILITO CÍRCULOS E GRUPOS DE MULHERES desde 2001. No início, usei o que tinha à mão — livros, especialmente *O Milionésimo Círculo*, de Jean Shinoda Bolen e *O Anuário da Grande Mãe*, de Mirella Faur. Usei também como modelo o que tinha presenciado nos círculos de que tinha participado — de minha iniciadora Monica Giraldez e de umas poucas palestras com May East, brasileira que então vivia em Findhorn.

Mas minha influência mais preciosa foi a da psicóloga Márcia Dias, que facilitou um círculo continuado em meu espaço de atendimentos, durante um ano, todos os meses. Seu jeito detalhista, atencioso com as relações humanas, criativo e sempre com o viés da psicologia e do xamanismo (sua formação inicial), criou dentro de mim — para sempre — a ideia de como deveriam ser os Círculos: um caldeirão precioso, sagrado, no qual minha criatividade, intuição e sabedoria sempre teriam espaço para se manifestar, bem como as de todas as participantes. Dessa influência nasceu o modelo de círculo que criei e com o qual trabalho sempre — o Círculo da Espiritualidade Feminina. Nesse modelo a líder é chamada de Irmã-Mais-Velha. Mais tarde vamos falar sobre esse termo e a organizadora Ordem de Precedência que ele carrega consigo.

O primeiro grupo que facilitei tinha a duração de dois anos, com encontros quinzenais de quatro horas, à noite. Uma proposta audaciosa, na qual cada encontro estava alinhado com uma Deusa (seriam treze) e em seguida com treze Deuses. Oito mulheres — algumas delas hoje Terapeutas do Sistema de Cura Essências da Deusa, o que significa que continuam presentes no meu "espaço sagrado íntimo". Todas elas corajosas — e eu era a mais corajosa delas, pois hoje vejo que não tinha a experiência ou os conhecimentos necessários para ancorar uma proposta tão profunda. Mas, fique tranquila, irmã querida — todas sobreviveram e, de fato, apesar de tudo, lembram-se daqueles encontros com carinho e alegria. Todas cresceram muito lá. Eu certamente — no meu sagrado Lugar de Irmã-Mais-Velha — fui a que mais cresci.

Pois bem, quando justamente tínhamos começado a encarar os Deuses — e o Patriarcado que vem com ele — tivemos uma situação de Bode Expiatório (vamos falar sobre isso detalhadamente mais para a frente). Uma situação de grande discórdia apareceu entre duas participantes — a mais clara situação de Caos Destrutivo em que já estive envolvida. E eu simplesmente não soube lidar. Coloquei "panos quentes" e escolhi me ater ao programa, indo até o final do encontro com aquele enorme elefante vermelho no meio da sala, fingindo que ele não estava lá. Isso mesmo, querida, cometi esse erro: era dia de honrar Zeus e Hera — o Deus do Céu e a Deusa do Casamento gregos — e eu segui o programa até o final.

Este é um erro grande, irmã querida. Quando uma situação de Caos eclode, você para tudo e dá toda a atenção para o que está acontecendo — porque aquele é o tema daquele dia, não interessa quão diferente seja do que você tinha programado. Aí está uma grande possibilidade de crescimento, compreensão, aprendizado. É preciso tratá-la com todo cuidado e carinho. Porque, quando uma situação de Caos emerge, significa que ela já estava sendo construída no Campo há muito tempo. E se você estiver acostumada a "rastrear" (vamos aprender no capítulo **Sendo a Irmã-Mais-Velha**), você já estava se preparando para mexer no caldeirão que gera compreensão, compaixão e empatia. É hora, então, de parar tudo e dar espaço para que a enchente se transforme depois no composto que fertiliza a terra para uma próspera e promissora colheita de crescimento que nutrirá todas as participantes.

Essa participante — seguindo a lógica cruel do Bode Expiatório — saiu do grupo, magoada e ferida. A que a defendeu já estava se alinhando para ser o próximo Bode Expiatório e eu entrei em crise no meu papel de líder. Eu me sentia esgotada — me sentia a aranha-mãe-sendo-comida-pelas-filhas, porque, de fato, eu tinha aceitado aquela projeção de "mãe perfeita" tão comum em líderes de círculos de mulheres — e não tinha mais como sustentar a imensa energia necessária para nutrir minhas "filhas", especialmente naquele momento em que uma onda caótica tinha quebrado na minha praia.

Tirei um dia no sítio de uma amiga, fui para o meio do mato com uma garrafa de água e um sanduíche, de posse do meu cadernão de anotações (tenho sempre um comigo) e fui me entender com as Guardiãs do meu trabalho e ver onde eu poderia estar mais confortável e ser de melhor valia para as Irmãs-Mais-Novas do meu grupo.

Lá fui apresentada à Egrégora que está por trás de meus trabalhos com Círculos, Workshops e Formações que envolvem o trabalho com o Feminino Sagrado. São as

21 Avós Atlantes — as Ancestrais de minha Alma, que estão ligadas ao grupo espiritual de quem sou Porta-voz na Terra — a Congregação Universal da Luz. E elas me acalmaram, e me disseram que não haviam faltas ou culpas, já que os erros tinham sido causados por ignorância. E que, em primeiro lugar, eu tinha de sair do "lugar de Mãe" que naturalmente tinha ocupado. Nada pior do que receber a projeção de "mãe boa" e, na primeira contrariedade ou desapontamento das altas expectativas que as "filhas" depositam nessa "mãe-perfeita-tão-diferente-da-minha-própria-mãe", ser demonizada como "guiança ruim", "pessoa ruim" ou qualquer outro adjetivo similar. E essas preciosas Vovós Atlantes — nada pequenas em seus dois metros e meio de altura — me disseram que logo eu iria receber conhecimentos que me ajudariam a lidar com situações como essas e que eu ficasse tranquila, pois elas iriam cuidar daquela participante que tinha saído. Disseram também que ela tinha atraído aquela situação porque a vida inteira — na família inclusive — tinha sido o Bode Expiatório, a "ovelha negra da família" e que "puxar" aquela situação tinha sido uma tentativa de cura e de renegociação. Avisaram que cuidariam para que ela tivesse outras oportunidades de chegar a isso. E assim foi. Consegui finalizar aquele grupo de uma forma um pouco atrapalhada, mas sem mais "mortos e feridos" para contabilizar. De lá saíram duas facilitadoras de Círculos de Mulheres, o que me faz pensar que, no caminho dos erros, houve tantos e preciosos acertos.

Naquele mesmo mês, uma irmã de Caminho me ligou dizendo que estava trazendo para Florianópolis — a trinta minutos de onde eu morava — uma pessoa que havia reunido uma síntese poderosa a partir de seus conhecimentos com o Budismo, com uma técnica de terapia chamada Hakomi e mais um pouco de neurociência. Seu nome era

Mukara Meredith e esta síntese chamava-se Matrixworks (www.matrixworks.org).

Os conhecimentos das dinâmicas grupais que aprendi com Mukara foram os que passei a usar como formato para conduzir grupos e círculos. Vou trazer alguns dos pontos que considero principais, mas recomendo fortemente que — se tiverem oportunidade — não deixem de atender a um dos programas que ela oferece nos Estados Unidos e em vários outros países.

De tudo que aprendi no modelo Matrixworks, o que segue é talvez a parte mais importante de compreender: os grupos estão constantemente vivendo essas três fases lá do título que abre este capítulo — Inclusão, Caos e Consciência. Entender as diferentes fases, o desafio e o presente que cada uma guarda ajuda a conduzir nossos grupos com mais confiança, fluindo com o que a Inteligência do grupo apresenta. Neste modelo, o líder ou professor não está no centro, sendo "responsável" para que tudo dê certo, para que todos se sintam bem, para que o grupo seja funcional. O líder ou professor é apenas o maestro de uma orquestra, seu trabalho é mais perceber e direcionar a energia, intervindo o menos possível. Usando esse formato, vocês vão ver que é possível finalizar cursos e grupos sem aquele cansaço energético (brutal às vezes), mas apenas o cansaço físico e mental de estar concentrado em uma tarefa.

Na síntese apresentada pela Mukara em Matrixworks, ela observa que esses três estágios — Inclusão, Caos (ou Criatividade) e Consciência (ou Conectividade Mútua) — estão sempre acontecendo, sempre espiralando e criando ondas nas quais o resultado é mais conectividade e confiança ou, se mal conduzidos, ruptura e trauma.

De modo geral, gostamos muito da fase de Inclusão, pois atende o nosso desejo profundo de pertencer, aquela nossa "programação básica" de vínculo, seja com a família de origem ou com a família "do coração", que são as pessoas que escolhemos para estar em nossa vida. Porém, de tempos em tempos, entramos em uma fase que, de modo geral, não gostamos de atravessar — o Caos, que prefiro nomear Criatividade ou Infinitas Possibilidades. E o caos nos liderará a um aprofundamento nas relações grupais, graças à Consciência advinda do navegar o Caos. Vamos aprender mais sobre cada uma delas.

1. INCLUSÃO

> Neste estágio, o trabalho principal é conectar os membros do grupo uns com os outros, e rastrear se todos os participantes estão se sentindo incluídos. É importante abrir espaço para ouvir os membros do grupo e cada um deles deve sentir-se valorizado e saber que sua contribuição única é bem-vinda. **(Mukara Meredith)**

Um grupo pode enfrentar qualquer tipo de Caos se uma boa fase de inclusão tiver sido feita. A Inclusão é o momento em que AS PARTES FICAM VISÍVEIS PARA O TODO e os sensos de pertencimento e de segurança começam a ser construídos. É nessa fase que, quando bem feita, as linhas da rede seguem em todas as direções e criam interconexões que vão sustentar e potenciar a Inteligência do grupo. No início de qualquer grupo, seja de algumas horas ou de alguns dias, sempre reservamos um tempo para ajudar todas as integrantes a sentirem-se parte. Seja através de compartilhas, com dinâmicas que ajudam as participantes a se conhecer melhor, seja valorizando os saberes e sabedorias de todas as presentes, é importante tomar o tempo no INÍCIO para gerar INCLUSÃO. Uma fase de Inclusão bem feita garante que o tempo que seria gasto para aparar arestas e criar um fluxo mais harmonioso não seja necessário. De fato, "gastando" um bom tempo no início para a Inclusão, você ganhará tempo e velocidade depois.

Mas, como gerar Inclusão? Há alguns exercícios e dinâmicas simples que aprendi com minha mestra nesta arte, Mukara Meredith. Vamos lá:

GRUPOS E SUBGRUPOS – TORNAR O INVISÍVEL VISÍVEL A PARTIR DE:

a) Identificar relações prévias (quem já se conhecia, quem tem relações especiais como amizade, casamento ou namoro, relação terapeuta/cliente, relação professor/aluno etc). Isso pode ser feito com todas em círculo, de pé.

b) Identificar pontos em comum (quantas exercem profissões de cuidado, quem é mãe, quantas são da cidade e quantos são de fora, casadas/solteiras etc.). Isso sempre é feito em roda, em pé, convidando-se as pessoas do subgrupo a dar um passo à frente.

c) Uma coisa que facilita muito é nomear e convidar aquelas que têm mais facilidade e são mais expansivas e aquelas que são mais tímidas a ficaram em grupos separados, uma diante do outra, e dizer algo como: (apontando para os mais expansivos) "A tarefa de vocês é ajudá-las a se sentirem seguras o suficiente para se abrirem. A tarefa de vocês é também não ser a dona da fala e respeitar o silêncio ou a demora da resposta delas". E, para o grupo das menos expansivas: "E a tarefa de vocês é nos deixar saber o que as deixa seguras para sentirem que podem se manifestar. E também é tarefa de vocês aproveitar os espaços que vão ser oferecidos para ocupar e trazer a sua fala". E finalizar com algo como: "Nós somos complementares — tanto precisamos do impulso e da expansão quanto da receptividade e do silêncio. Juntas, nós somos perfeitas!"

Nessa dinâmica, usar de bom humor funciona muito bem e ajuda as pessoas a se soltar.

d) Outras possibilidades que fui criando:

DUPLAS — as duas pessoas compartilham o conteúdo e as percepções de uma carta escolhida por elas de algum Oráculo ao iniciar os trabalhos. Nos meus grupos, gosto que as pessoas escolham uma Deusa de algum oráculo ou um conselho dos meus oráculos de Atena ou Afrodite, e junto uma Qualidade do meu Oráculo da Autoestima, para que seja a qualidade que deve ser potenciada tanto no encontro quanto no período até o encontro seguinte. Esses elementos geram grandes trocas e aprofundam muito a conectividade mútua.

TRIOS — cada pessoa conta um pouco de si mesma no trio e, ao se reunirem no grupo grande, cada uma diz o que mais chamou a atenção do que a irmã contou de si mesma — o que mais gostou.

Se o grupo é pequeno, você pode trocar as duplas do exercício de compartilhar as cartas dos oráculos. Quando se trabalha com dupla, a relação uma-a-uma cria um ambiente de mais segurança, que é levado para o grupo como um todo. Sempre que você convidar as participantes a trabalhar em duplas, sugira que escolham alguém que não conheçam e com quem ainda não tenham trabalhado junto.

Você pode usar a compartilha tradicional em círculo, mas isso demanda bastante tempo e faz parte do modelo de fala linear e não da construção de uma matriz de relações mais rica e eficiente.

Sempre que sentir que o grupo está meio instável ou

passando por uma espiral de Caos/Criatividade, é preciso dedicar um pouco mais de tempo à Inclusão ou à Conectividade Mútua no início do programa daquele dia.

Peça a todas que deem-se as mãos e "suspirem" juntas — bem alto e exagerado, umas três vezes. Nesse momento, convide-as a deixar fora daquela sala tudo que tiveram de fazer para chegarem àquele momento. Convide-as a criar o "espaço sagrado" daquele encontro ao estarem plenamente presentes no Aqui & Agora.

Quando o grupo for grande, sempre que houver compartilha, diga: "a compartilha é bem-vinda, mas não é obrigatória". Há pessoas que têm grande dificuldade em falar em grupos, então é preciso encorajá-las na medida certa a enfrentar seus medos — a COMPARTILHA SEMPRE DEVE SER UM CONVITE e não uma obrigação. Ao mesmo tempo, você, como Guardiã, tem de estar preparada — com delicadeza e firmeza — a interromper a "dona do bastão da fala", que tem necessidade de falar muito e o tempo todo. Mais adiante falaremos sobre essas tipologias.

Peça que se deem as mãos e cada uma diga a palavra que está "pipocando".

Dentro do modelo do Círculo da Espiritualidade Feminina, há um segundo e imprescindível momento da fase da Inclusão: abrir o Círculo.

CRIANDO O ESPAÇO SAGRADO, ABRINDO E INVOCANDO AS CINCO DIREÇÕES

Depois de concluídas as dinâmicas de Inclusão, independentemente do uso das sugestões acima ou de novas formas criadas por você mesma dentro do conceito explicado, no modelo que desenvolvi é hora de criar o "Espaço Sagrado". No meu entendimento, qualquer lugar se transforma em um Templo, quando abrimos as quatro direções e o centro — Leste/Ar, Sul/Fogo, Oeste/Água, Norte/Terra, Centro/Éter.

Cada um desses portais tem Guardiões que precisam ser invocados e a quem temos de pedir licença e pedir que a energia dessas direções e desses Elementos estejam presentes no Círculo. Trabalhar dentro do Círculo Sagrado garante mais proteção e mais profundidade quanto ao que vai ser trabalhado. Mas, para abrir as direções, é preciso que você seja uma Irmã-Mais-Velha preparada para estar atenta e igualmente ser a Guardiã de todas as entradas. Ser aquela que é a "mulher com a coruja na cabeça", isto é, a que vê mais longe, que, como o Lobo Alfa da matilha, segue atrás de todo grupo, atento a tudo que pode ameaçá-lo.

Quando lidera um Círculo, você não está no lugar de uma participante comum. Você é aquela que já percorreu o Caminho e sabe como lidar, deter e segurar as energias densas e adversas. Se você não se sente preparada para ocupar este Lugar, é melhor que faça seus Círculos sem abrir as direções, pois assim estará acessando apenas a dimensão do Aqui & Agora, em vez de acessar os "portais de todas as dimensões". Muitas vezes uma pessoa que é mais sensível ou mediúnica sai esgotada e doente de um grupo, porque ficou "segurando o Campo" no lugar da líder, que não estava consciente ou não sabia como fazer isso.

Ao se colocar no Lugar de Irmã-Mais-Velha e oferecer um Círculo de Mulheres, você precisa ter a responsabilidade de ir até o limite do que sabe e se sente segura. As mulheres que atendem ao seu chamado confiam em você e na sua guiança — é preciso honrar essa confiança com humildade. É melhor oferecer "menos", mas de um tamanho que você possa dar conta. E, mesmo que consiga dar conta, se estiver insegura, experimente ficar nas camadas mais superficiais e, conforme for ganhando confiança, arrisque-

--se em camadas mais profundas. Não lhe parece uma boa estratégia?

Tenho uma oração que criei e que chamo de Oração do Serviço, que oro sempre que estou indo dar uma palestra, curso ou Círculo. Quero compartilhá-la com você agora, minha irmã querida. Porque, quando estamos vibrando "no serviço", estamos protegidas da soberba e da falta de humildade. E se estamos abertas e dispostas a ser canais do que melhor pode se manifestar, com certeza teremos todas as intuições que vão fazer do Círculo que estamos liderando um momento único e empoderador para todas as presentes.

PRECE PARA TOMAR REFÚGIO NA LUZ DO SERVIÇO

Amados mestres e guias, Grande Mãe acima de todos nós, Grande Pai em seu amor ao lado Dela, aqui estou, disponível. No altar de cada um de vocês deposito agora todos os meus dons, talentos, bens materiais e imateriais, para que sejam usados de acordo com vosso Propósito.

Que eu possa servir a cada irmã que adentrar esta sala. Que eu possa entregar as possíveis chaves que vocês têm a dar a cada uma delas. Que cada uma possa receber na medida de seu Mérito e de sua possibilidade.

A partir deste momento, estou a Serviço! E sou imensamente grata por mais esta oportunidade.

Que assim seja, pois assim é!

E agora vamos a uma sugestão para a invocação e a abertura dos Portais das Direções Sagradas, este segundo e importantíssimo momento na Inclusão, no qual todas se sentem pertencentes à mesma Tribo.

Quando nos preparamos para abrir o Círculo Sagrado, costumo me sentir como as sacerdotisas que se reúnem ao pé de um morro em que, lá em cima, está — velho e gasto — um Templo da Deusa, um templo dos antigos tempos Matriarcais. E, ao invocar as direções, vamos colocando ao nosso redor as pedras sábias que testemunharam tantos rituais e celebrações. Não interessa onde estamos, se sob um teto, sob as estrelas ou sob as árvores, ao invocarmos as direções o TEMPLO SE ESTABELECE — o que significa dizer que o Lugar Sagrado para nossa Jornada juntas estará estabelecido.

No modelo do Círculo da Espiritualidade Feminina, sempre temos uma mandala/altar central, no chão, com os quatro elementos e o centro representados, e onde geralmente todos os materiais que vamos usar para os rituais e dinâmicas também são colocados. Veja aqui um exemplo:

E mais um exemplo:

Sugestões para representar os Elementos, que você vai identificar pelos pontos cardeais (se não sabe, use uma bússola):

LESTE — ELEMENTO AR: incenso (mas é sempre bom verificar se não há nenhuma participante alérgica, ok?), sinos, chocalhos, instrumentos musicais.

SUL — ELEMENTO FOGO: vela.

OESTE — ELEMENTO ÁGUA: taça ou tigela com água (se você usa florais, essências ou *sprays*, esta é a direção para colocá-los).

NORTE — ELEMENTO TERRA: pedras, cristais, plantas em vasos com terra, um pote de cerâmica com terra.

CENTRO — ELEMENTO ÉTER: uma imagem ou escultura da Deusa (ou Deus) honrados naquele encontro, um centro com cristais ou flores, qualquer representação que para você signifique "conexão com o Divino".

Os Elementos, neste modelo que trabalho, são abertos na ordem acima: Leste — Sul — Oeste — Norte — Centro. E encerrados na ordem inversa: Norte — Oeste — Sul — Leste — Centro.

Aqui segue uma sugestão de invocação que você pode adaptar ou mudar de acordo com a sua criatividade. Mas, se quiser usar exatamente assim, tenho testado ao longo dos anos e SEMPRE abre e encerra todos os Portais com a maior competência!

ABERTURA DAS DIREÇÕES

(Viradas todas para o Leste)

Irmã-Mais-Velha invoca:

Em nome da Luz e do Amor, conectamos agora com o Elemento Ar. Visualizamos à nossa frente uma menina lá ao longe, no meio de um Campo, com os cabelos mexidos pelo vento, rodopiando ao amanhecer.

Nos conectamos também com o ar que entra pelas nossas narinas, trazendo o novo e a renovação a cada res-

piração. E assim conectadas com a força do Novo, com a pulsação da Deusa Menina, invocamos a presença dos Guardiões e Guardiãs do Portal do Ar e rogamos a abertura deste portal e a presença do Elemento Ar em nosso Círculo AGORA!

Todas: *Que assim seja!*

(Viradas todas para o Sul)

Irmã-Mais-Velha invoca:

Em nome do que é Sagrado e Precioso, conectamos agora com o Elemento Fogo. Visualizamos à nossa frente uma Donzela sobre um cavalo — ao mesmo tempo Guerreira e Amante, correndo veloz ao sol do meio-dia.

Nos conectamos também com o calor de nosso ventre, que se irradia e aquece todo nosso corpo, conservando e nutrindo a vida. E conectadas com a Ousadia e o Impulso que carrega a Deusa Donzela, invocamos a presença dos Guardiões e Guardiãs do Portal do Fogo e rogamos a abertura deste portal e a presença do Elemento Fogo em nosso Círculo AGORA!

Todas: *Que assim seja!*

(Viradas todas para o Oeste)

Irmã-Mais-Velha invoca:

Em nome do que precisa nascer e prosperar, conectamos agora com o Elemento Água. Visualizamos à nossa frente uma mulher ao longe, numa cachoeira ou rio, na plenitude dos nove meses de gestação.

Nos conectamos também com os fluidos do nosso corpo — as águas, o sangue, os fluidos que carregam e nutrem a vida. E assim conectadas com as forças da Fecundação e da Nutrição que são a pulsação da Deusa Mãe, invocamos a presença dos Guardiões e Guardiãs do Portal da Água e rogamos a abertura deste portal e a presença do Elemento Água em nosso Círculo AGORA!

Todas: *Que assim seja!*

(Viradas todas para o Norte)

Irmã-Mais-Velha invoca:

Em nome da Sabedoria que vem das Ancestrais, nos conectamos agora com o Elemento Terra. Visualizamos à nossa frente uma montanha verdejante onde vemos a Velha Sábia, com seu olhar profundo daquela que tudo sabe.

Nos conectamos também com a força e a presença de nossos ossos — que mantêm ereto e firme nosso corpo sobre a Terra. E assim, conectadas com a energia antiga e profunda da Deusa Avó, invocamos a presença dos Guardiões e Guardiãs do Portal do Norte e rogamos a abertura deste portal e a presença do Elemento Terra em nosso Círculo AGORA!

Todas: *Que assim seja!*

(De mãos dadas, olhando para
o centro — mandala ou altar central)

Irmã-Mais-Velha invoca:

Olhando para o centro da roda deixamos nossos olhos fitarem esta Mandala, onde no centro repousa uma representação do Divino ... (citar a energia honrada no dia)... Nos conectamos com este Portão Central, onde a energia reúne todas as direções e todas as dimensões.

Conectamos com o nosso pulso energético, sentimos a energia fluindo por todo nosso corpo e assim conecta-

das rogamos aos Guardiões e Guardiãs do Portão Central a abertura desta direção e a presença do Elemento Éter em nosso círculo AGORA!

Todas: *Que assim seja!*

Irmã-Mais-Velha: *E assim, afirmamos...*

Todas: *O círculo está aberto em perfeito amor e em perfeita confiança.*[1]

Se não houver muito tempo, faça uma invocação breve:

Em nome da luz, da consciência e da evolução, peço a abertura dos portais do Ar, do Fogo, da Água e da Terra — que seus guardiões e guardiãs possam trazer estas energias e sua proteção para este círculo. Pedimos também a graça da abertura do Portal Central de Poder, onde repousa a energia da Deusa e do Deus. Que o casal Sagrado traga a energia do Todo Indivisível para este círculo agora! E assim afirmamos: o círculo está aberto em perfeito amor e em perfeita confiança!

E, SEMPRE, ao finalizar a atividade circular, encerramos o círculo, liberando as energias invocadas:

Agradecida sou por todas as graças recebidas neste círculo, que jamais se rompe, jamais se fecha. Que a Deusa e seu Consorte, em perfeito equilíbrio, pulsem novamente no coração de cada ser da Terra, da Água, do Fogo e do Ar. Pedimos o fechamento destes portais agora. E, no Centro Sagrado de Poder, agradecemos a presença da Divindade (citar), pedindo o encerramento deste portal e de todas as conexões com o passado, o presente e o futuro que ele guarda. E assim, afirmamos:

---

1 Parte destas invocações é inspirada em Starhawk, conforme descrito em seu maravilhoso livro *A Dança Cósmica da Feiticeiras — Guia de Rituais à Grande Deusa*, Editora Nova Era.

Todas: *O círculo está encerrado, em perfeito amor e em perfeita confiança!"*

De fato, a Inclusão é tão importante porque ela traz para a cada uma aquilo que todo ser humano deseja encontrar desde que nasce, seguindo com ele por todos os grupos de que faz parte: ser bem recebido, aceito e amado. Essa é a própria definição de SEGURANÇA.

Quando encontramos segurança em um relacionamento ou grupo, relaxamos e nos abrimos, permitindo todo o florescimento possível.

E agora vamos retomar nosso fio que começou lá na primeira etapa, que é a INCLUSÃO, e seguimos com uma fase muito, muito importante para o objetivo deste livro.

2. CAOS/CRIATIVIDADE

O Caos é como a reforma de uma casa: o planejamento é maravilhoso — olhar o projeto, pesquisar materiais e mostruários, ver exemplos em revistas cujas fotos, lindas, cuidadosamente produzidas, nunca revelem o DURANTE, apenas o ANTES e o DEPOIS. Quando estamos na confusão de paredes desmanchadas, pisos retirados, pessoas estranhas em nossa casa, um entra-e-sai em nosso Espaço Sagrado, desequilibramos. Dez entre dez pessoas que fizeram uma reforma se sentiram assim. Mas, quando a poeira assenta e podemos nos acomodar nos novos espaços criados, a sensação é maravilhosa e tudo vale a pena.

O Caos é importante nos grupos porque, se ele é conduzido com sabedoria e competência, chega-se ao outro lado com um novo nível de conectividade mútua. Mas não gostamos do Caos: gostamos do Antes e do Depois, mas não gostamos do Durante, porque temos dificuldade de permanecer com o incômodo.

Em um de meus Círculos de Mulheres Avançado, uma das participantes, chamada Andréa, me disse, num abraço, referindo-se ao Caos: "se a gente não está bem AINDA é porque o processo AINDA não terminou". Mas não queremos estar presentes no AINDA, onde nos sentimos mal. Queremos passar rápido para a fase seguinte, mascarando sentimentos como raiva, medo, insegurança e sentimentos de não pertencer. Esse é o grande desafio do Caos — permanecer nele. Mas permanecer com uma qualidade de PRESENÇA, com o Observador Interno alerta, tentando entender o que é meu, o que é do outro e o que o outro está espelhando sobre mim mesmo e que eu projeto nele ao invés de reconhecer em mim.

De modo geral, o que tenho visto nos ditos "grupos de autodesenvolvimento", especialmente os direcionados para "a luz", é que não há espaço para Sombra. Há pressa em resolver conflitos, que são solucionados com a mente e não com a inclusão da bússola do Coração e do Instinto (leia-se corpo físico). Mas o Coração é rebelde e se algo é colocado para baixo do tapete ou um de seus caldeirões fica fervendo tampado um dia tudo explode e é quando lindos e grandes projetos vão por água abaixo, afogados em conflitos infindáveis. Os participantes nunca se sentem bem recebidos, respeitados e amados.

Em meus grupos, costumo dizer — como está no início deste livro — "que a Luz seja a Guia, que a Sombra seja a Mestra" e convido a Sombra para "sentar na Roda". Porque os períodos de contato com as Sombras mais escondidas são momentos preciosos que podem levar um grupo à ruptura ou a um nível de profunda conexão, que é o terceiro e precioso ciclo que todos buscamos — Conectividade Mútua — ou, como eu chamo, Infinitas Possibilidade de troca e pertencimento.

Isso vale para todos os grupos: família, amores, trabalho, estudos, espiritualidade. Quando temos coragem de permanecer no incômodo, quando podemos falar dos sentimentos negativos e continuar PERTENCENDO, o grupo cresce para um novo patamar de consciência e inclusão. Mas, uma coisa é MUITO importante no manejo dos conflitos dentro da fase do Caos: falar NA PRIMEIRA PESSOA, isto é: "eu sinto"; "eu acho"; "eu penso". E não "você fez isso, você fez aquilo". E também sem usar o "Nós" (nós devíamos, nós como grupo e por aí vai), nem dar *feedbacks* sem terem sido pedidos ou sem a pessoa estar preparada para recebê-los.

O segredo é permanecer focada no próprio processo e no processo grupal, falando por si mesma e mantendo um continente de aceitação, compaixão e amorosidade para com o outro. Como facilitadora, você deve sempre intervir quando uma participante começa a dar um *feedback* negativo para outra falando na terceira pessoa — você ou tu — ou usando o nós, que é o mesmo que dizer "todos vocês menos eu". É preciso intervir delicadamente e convidar a pessoa a se incluir: "Vou pedir a você para refazer sua frase usando a primeira pessoa, Eu. Isso vai ajudar você e a todas nós". Ou algo do gênero.

Mas como navegar a onda do Caos sem submergir em um caos destrutivo?

> Temos vivenciado grupos com uma boa dose de conflito e muitas vezes pensamos que esses grupos precisam de mediação de conflitos. Minha experiência é a de que muitos deles na verdade necessitam de Inclusão. Nenhum membro ou partes em um conflito se sentem verdadeiramente valorizados e suficientemente amados, e é comum que os mem-

> bros do grupo não discutam seu medo de serem rejeitados se discordarem. Se Inclusão suficiente é cultivada, o conflito será muito mais fácil de enfrentar, porque os membros podem confiar que o grupo os valoriza e se importa com eles. Quando nos sentimos amados e que se importam conosco, temos menos medo das diferenças. **(Mukara Meredith)**

Especialmente quando estiver fazendo um programa mais longo — um retiro, por exemplo, ou mesmo um círculo de dia inteiro — é bom explicar que o grupo estará vivendo espirais desses três estágios e então trazer a consciência de que estamos entrando em uma espiral de Caos. E que, portanto, devemos ter cuidado com as relações, estando atentos ao nosso próprio processo e ao processo grupal.

Sempre que necessário, você volta a essa explicação e traz consciência de que estamos atravessando determinado estágio e que ele nos conduzirá a um outro nível de consciência e conectividade mútua. Dê segurança de que você sabe o que está acontecendo e que navegará junto com o grupo até que se chegue aonde o Caos está querendo levá-las. Nesse momento, é importante desacoplar Caos de Trauma e ajudar o grupo a ver que grupos vivos estão vivendo constantemente essas espirais.

Em um Círculo de Mulheres às vezes o Caos se apresenta no momento de ensaiar uma dança circular ou de explicar um ritual. Quando as explicações têm início, todo mundo começa a ficar irritado, falar ao mesmo tempo, as que têm mais facilidade começam a irritar as que têm menos e — de repente — está instituída uma energia densa e destrutiva da harmonia do grupo. Nessa hora a Irmã-Mais-Velha deve tocar seu sino ou tambor e chamar a atenção para o fato de estarmos entrando em uma fase de Caos.

Bom humor nessa hora é fundamental — desmancha qualquer resistência.

Uma coisa muito importante de observar é que é nos momentos de Caos que os espíritos de baixo padrão vibratório que vieram com alguma participante ou que normalmente estão "de plantão" para atrapalhar trabalhos luminosos aproveitam para entrar e aprofundar a crise. Você, como Irmã-Mais-Velha, deve estar atenta e — se necessário — pedir silêncio e fazer uma prática ou oração de reconexão com a luz. Se desejar, pode informar as Irmãs-Mais-Novas que essa interferência está acontecendo e é preciso estar atentas. Só que nessa situação podemos nos ver diante de outra armadilha: CREDITAR todo o movimento caótico a alguma "interferência espiritual inferior" e passar por cima do que está acontecendo, o que seria uma situação típica de "tampar o caldeirão fervente do Caos". Lembrando que uma influência energética inferior só entra se houver SINTONIA. Então — sim — há um Caos acontecendo no grupo que FACILITA a entrada dessas energias adversas. E não o contrário. Ficou claro?

De modo geral, o Caos aparece quando uma das participantes sente que sua verdade ou quem ela é não são bem-vindos ali ou que ela não é boa o suficiente comparada ao "nível" dos outros alunos (baixa autoestima, chagas familiares relacionados a valor). Por isso é importante que você como Irmã-Mais-Velha tenha dado oportunidade a todas de mostrar suas qualidades na fase de Inclusão. E se sentir que isso não foi suficiente comece a falar dessa pessoa e da situação, abrindo com duas ou três qualidades que viu nela. E sempre reiterando — "umas estão mais adiante, outras estão a caminho, mas todas as experiências, qualidades e dons enriquecem nosso grupo".

Nas últimas formações e círculos que dei, pude observar que, quando bastante atenção foi dada à fase de inclusão, o Caos não se manifesta propriamente nas relações interpessoais, mas em doenças dos participantes (geralmente na metade da jornada); sonhos perturbadores; quebras de proteção (ataques energéticos de forças de baixo padrão vibratório); entradas no Vórtice de Trauma com lembranças, *insights* e memórias geradas pelo conteúdo que está sendo trazido. Este é um Caos de Cura, que leva todo o grupo a um outro nível em seus processos pessoais de autodesenvolvimento. São movimentos de Caos que trazem um forte impulso para a CURA, a LIBERTAÇÃO e a RENEGOCIAÇÃO. Portanto, confie na inteligência do grupo, em sua capacidade de ancorar esse processo coletivo de cura e na proteção e assistência que está presente.

De qualquer forma, é sempre bom ter disponível alguns elementos em sua "sacola de talismãs". No meu caso, sempre tenho comigo os seguintes Florais da Deusa Prontos Para Uso: Pronto-Socorro floral e borrifador; Enxaqueca; Alergias; Alma Feliz borrifador e Bálsamos Equilíbrio dos Sete Chakras. E, principalmente para a tipologia "Saco sem Fundo", que vamos ver mais adiante, pode ser proveitoso deixá-la responsável por autoaplicar-se ajuda a cada 15 minutos com um desses florais. Afinal, não podemos esquecer que um Círculo não é psicoterapia e, se uma pessoa drena toda a atenção do grupo, este não conseguirá desenvolver-se e florescer em seus objetivos.

Faça uso das diferenças como presentes que enriquecem a diversidade e o "caldeirão" do grupo. E traga sempre o foco para isso — diferenças são boas e bem-vindas.

Se você não tem tempo — é o último dia ou as últimas horas do encontro e uma situação de Caos implode, volte para a INCLUSÃO. Sempre que você sente que o Caos é perigoso para a integridade do grupo ou para uma das participantes, volte imediatamente para processos de regulação do grupo.

Aqui vão algumas sugestões. Em primeiro lugar, lançar mão das cinco coisas que contribuem para um campo seguro de relacionamento: Contato Visual (olhar); Toque Seguro; Sorriso; Estado Emocional Positivo; Responsividade às necessidades. Outra opção é pedir e receber em duplas. Uma pede algo que esteja ao alcance (um toque, uma massagem, uma abraço, ficar uma ao lado da outra em silêncio, um "colinho", alguma técnica aplicável que saibam — Reiki, Jin Shin Jiutsu, ser ouvida, etc.) e dez minutos para cada lado, experimentam e trocam. Depois, compartilha-se a experiência no grupo como um todo.

Ficar uma diante da outra e apenas olharem-se com gentileza e afeto, em absoluto silêncio, pode ser suficiente. Testes da Neurociência revelaram que bastam sete segundos — sete segundos! — de um olhar gentil e amoroso para liberar ocitocina, o hormônio da felicidade e do bem-estar.

A dinâmica a seguir chamo de "recebendo as bênçãos da Comunidade". Em duplas, uma fica diante da outra, segurando as mãos ou não, olha profundamente e deixa nascer a qualidade com que você quer abençoar esta pessoa. "Em nome desta comunidade que é o nosso grupo, eu abençoo você com... (qualidade)." As duplas vão sendo trocadas até o grupo todo ter participado. Como Irmã-Mais-Velha, você sempre DEMONSTRA com alguém do grupo, para ninguém ficar inseguro.

Uma dança circular ou meditação com música também podem ajudar. Mas é importante que você não faça dessa atividade um "passar por cima" ou "jogar para debaixo do tapete", porque pode resolver na hora, mas virá de novo e desta vez em uma onda muito mais incontrolável.

Às vezes o grupo precisa apenas se expressar e se colocar. Você faz uma roda de compartilha, procura sempre estar atento para que todos (incluindo você) falem na primeira pessoa do singular (Eu) e não na do plural (Nós) e que igualmente tenham responsabilidade pelo impacto que estão causando. Depois de uma roda dessas, SEMPRE faça uma das dinâmicas acima, que ajudam a sair da mente e chegar ao coração.

MAIS ALGUMAS INFORMAÇÕES IMPORTANTES SOBRE O CAOS

COMPREENDENDO O CONCEITO DE INTENÇÃO VERSUS O DE IMPACTO

Tenho a convicção de que 90% dos problemas de relacionamento, especialmente entre casais e nos grupos, são causados pelo desacerto entre Intenção versus Impacto, além de uma compreensão errada de como, quando e de que forma oferecer *feedback* (= avaliação; parecer). Vamos tratar primeiro de Intenção versus Impacto. O equilíbrio dessa relação implica:

- Estar no comando das próprias intenções, mantendo-se sempre consciente.
- Estar no comando do impacto que as próprias intenções causam em você.
- Haver fluxo no relacionamento.

Quando tratamos de um assunto delicado, que sabemos que vai causar impacto no interlocutor, é bom começar declarando qual é a intenção quanto ao que será dito a seguir. Intenção é o que pretendo com a minha palavra. Muitas vezes ela não é compreendida pelo outro porque, da forma que colocamos, é fácil haver uma má interpretação. Também, quando já existe uma situação de Caos estabelecida, há uma predisposição para esse desacerto. É importante que a pessoa seja sincera em sua intenção. As crianças, por exemplo, percebem claramente quando uma coisa está sendo DITA, mas a INTENÇÃO é outra. A intenção tem de ser cristalina — se for manipular, é provável que o incômodo do outro seja mais por isso do que propriamente pelo que está sendo dito. Quando praticamos o combinar Intenção versus Impacto, a verdade tem de estar presente e precisa ser cristalina.

Vamos a exemplos da vida cotidiana para facilitar:

(Intenção) — Você ainda não entregou este trabalho?
(Impacto) — Por que você está perguntando? Acha que sou incompetente?

(Intenção) — Eu sinto que preciso de mais espaço. Vou viajar com os amigos no próximo feriado.
(Impacto) — Quando você fala assim eu me sinto insegura, porque parece que nosso casamento está em risco.
(Intenção) — Não, é o contrário. É porque nosso casamento é tão importante que estou querendo fazer isso. Minha intenção é preservá-lo.
(Impacto) — Entendo, mas para mim soa só como egoísmo.
(Dá para imaginar o que se segue, não?)

(Intenção) — Como você logo vai entrar em férias, pensei em passar este projeto para o Fulano.
(Impacto) — Você acha que eu não dou conta de fazer em quinze dias?

Se você observa que alguma questão do que foi falado por você ou pelas participantes gerou grande impacto e, consequentemente, caos, é fundamental trazer esses conceitos sobre Intenção versus Impacto e esclarecer sua intenção ou, no caso de uma participante, a intenção dela.

Em todos os casos, é muito adequado, quando uma

fala feriu outra pessoa, sendo que a intenção não era essa, pedir reparação ou pedir desculpas. E cabe a você facilitar um momento em que cada uma pode ter um espaço para reconhecer sua parte naquele momento de caos destrutivo e — mais do que tudo — que "relações podem ser reparadas" — um preceito extremamente focado no modelo Matrixworks.

COMPREENDENDO O CONCEITO DO FALAR NA PRIMEIRA PESSOA

Falar na primeira pessoa é muito difícil. Costumamos falar na segunda ou na terceira — tu ou você — ou então generalizar para o "nós". Quem diz "nós" está se referindo aos outros e se colocando de fora, como um julgador. Esta é mais uma das facetas do equilíbrio nas relações humanas que aprendi com Mukara Meredith e seu Matrixworks.

Antes de entrar no entender, vamos ver uns exemplos:

3ª Pessoa: "Você não se importa com o que eu preciso."
1ª Pessoa: "Quando você age assim, eu me sinto como se você não se importasse com o que eu preciso."

3ª Pessoa: "Você não se entrega para a minha guiança. Tem medo de encontrar este lugar interno em que já foi ferida."
1ª Pessoa: "O que eu sinto em mim é como se você não se entregasse à minha guiança. Fico pensando se pode ser medo de encontrar este lugar em que você já foi ferida. O que você sente quando falo isso?" (Aqui, uma coisa importante: falar na primeira pessoa é devolver a fala, é não ser "dono da fala", é dar ao outro a chance de respirar depois de um *feedback*, que pode nem ter sido solicitado pelo outro.)

3ª Pessoa: "Você é fraca e desempoderada e não está disposta a mudar isso."

1ª Pessoa: "Eu quero muito ver você forte e empoderada. É algo que alegraria meu coração. Você quer isso também?"

Você reparou, não? A fala na primeira pessoa é sempre mais longa, tortuosa e gentil. Sabe por quê? Porque a janela para *feedback* é muito estreita e, frequentemente, sobrecarregamos nosso ouvinte com uma torrente de conclusões, sem a menor chance de defesa. Normalmente isso está "entalado" em nossa garganta e simplesmente "despejamos" no colo de nosso interlocutor. É importante que falemos uma coisa de cada vez e sempre (sempre!) na primeira pessoa, pois esse tipo de fala traz a responsabilidade sobre o que está sendo dito para quem fala e, mais do que tudo, mantém as portas do diálogo abertas. A pessoa sente que é bem-vinda, aceita, respeitada e amada — aquelas qualidades básicas que estão no cerne da sensação de segurança nos relacionamentos.

Estamos falando de forma bem geral, mas, no caso de nosso papel como Irmãs-Mais-Velhas, temos sempre que falar na primeira pessoa. E sempre que vemos um participante usando muito o "nós" ou o "você", interrompemos e o convidamos a FALAR NA PRIMEIRA PESSOA. Assim:

— Vou pedir a você para falar na primeira pessoa. É meio desafiador, mas vou convidar você a começar cada frase e descrição de suas percepções com o pronome Eu.

Ou, se um *feedback* está sendo dado e vemos que claramente quem recebe está sendo sobrecarregado, é hora de intervir com algo como:

— E o que você sente na medida que ela lhe fala isso? Isso traz a palavra para quem está recebendo o impacto da avaliação da outra.

Em resumo, precisamos interromper o *imbroglio* e ENSINAR sobre falar na primeira pessoa, intenção versus impacto, bode expiatório. Assim, nós vamos EDUCAN-

DO ATRAVÉS DO EXEMPLO. Fica mais fácil de aplicar um conceito quando a situação que está em curso é um exato exemplo daquilo que estamos ensinando.

APRENDENDO O CONCEITO DE PEDIR E RECEBER *FEEDBACK*

Temos a cultura de fazer a listinha ou "virar a lata do lixo", com o foco em se aliviar de todo aquele diálogo mental interno incessante sobre o outro, mas não temos o hábito de observar o impacto que isso causa.

Para um *feedback* adequado, é imprescindível usar o que aprendemos acima: falar na primeira pessoa e estar muito atenta para ver se sua intenção corresponde ao impacto que suas palavras estão causando.

A regra número um ou o que deveríamos chamar de "regra de ouro" é perguntar se naquele momento a pessoa está aberta a receber suas percepções. Assim:

— Você está aberta para receber algumas percepções que andei tendo a seu respeito?

Ou:

— Seria um bom momento para eu lhe dar um *feedback* sobre algumas percepções que andei tendo?

E se a pessoa disser não, respeito absoluto, não force. Apenas diga:

— OK, se sentir curiosidade, estou aqui.

Outra coisa muito importante, levando em conta que "a janela para *feedback* é muito estreita": coloque a primeira de suas avaliações — na primeira pessoa, é claro ("eu reparo", "eu imagino", "eu tenho a impressão", "fica me parecendo"...) — e espere para continuar. Termine a primeira sentença e sempre DEVOLVA A FALA para o outro, assim:

— O que você sente (ou o que lhe parece) quando eu lhe digo isso?

Assim, a pessoa não se sente encurralada ou julgada

e tem tempo para receber e processar. Especialmente se você está em uma posição de poder — o que é o seu caso no Lugar de Irmã-Mais-Velha — é muito importante ter esse cuidado. Em caso de amores e filhos, mais importante ainda dar essa "chance" de o outro ter voz e ser ouvido.

Quando o outro responder, não interrompa, ouça com 100% de atenção e comece sua resposta assim:

— Quando você me fala isso, eu sinto (eu penso, eu imagino, eu tenho a ideia... etc.)

E assim vai seguindo, sempre observando se a pessoa não está sobrecarregada, porque chega uma hora que — se for demais — a pessoa não vai mais ouvir, não vai QUERER ouvir e daí para um confronto verbal, rompimento ou ferir seriamente o outro, não precisa nada.

Quando estamos em um momento de Caos que tem a ver com relacionamento, podemos fazer um exercício de dar e receber *feedback* desta maneira respeitosa e cuidadosa para com o outro.

A PERIGOSA DINÂMICA DO BODE EXPIATÓRIO

E agora talvez o assunto mais importante quando se trata de prevenir e "surfar" o Caos: compreender a dinâmica do BODE EXPIATÓRIO, aquela mesma que contei para vocês lá no início, a que me levou a estudar e tentar compreender todas essas dinâmicas que arrasam os grupos.

O ritual do bode expiatório está presente em diferentes tradições. O bode expiatório era um animal que era apartado do rebanho e deixado só, na natureza selvagem, como parte das cerimônias hebraicas do Yom Kippur, o Dia da Expiação, na época do Templo de Jerusalém. Este ritual é descrito na Bíblia, no livro do Levítico.

Na Torá, dois bodes eram levados, juntamente a um touro, ao lugar de sacrifício, como parte dos Korbanot do

Templo de Jerusalém. No templo, os sacerdotes sorteavam um dos bodes. Um era queimado em holocausto no altar de sacrifício com o touro. O segundo tornava-se o bode expiatório, pois o sacerdote punha suas mãos sobre a cabeça do animal e confessava os pecados do povo de Israel. Posteriormente, o bode era deixado ao relento na natureza selvagem, levando consigo os pecados de toda a gente, para ser reclamado pelo anjo caído Azazel.

Na teologia cristã, a história do bode expiatório no Levítico é interpretada como uma prefiguração simbólica do autossacrifício de Jesus, que chama a si os pecados da Humanidade, tendo sido expulso da cidade sob ordem dos sacerdotes. Temos aquela passagem da figura do Messias sendo enviado ao Deserto e lá sendo tentado pelo Diabo.

Outra visão muito popular no cristianismo compreende que os dois bodes são símbolos de Cristo e Satanás, uma vez que a expiação propriamente dita se realiza com a morte do primeiro bode e, como não existe expiação sem "derramamento de sangue" (Hebreus 9:22,23), não há expiação pela morte do segundo bode, que apenas é levado para o deserto e morre à míngua. Ele representa Satanás (ou Azazel, seu braço direito, um demônio do Deserto) que é enviado ao abismo por mil anos, onde refletirá sobre a obra maléfica que realizou contra os seres humanos.

A dinâmica do Bode Expiatório está presente em muitos grupos, especialmente os familiares. Ele é a "ovelha negra" que carrega os pecados e permite que um Sistema disfuncional se mantenha coeso. Ele se sacrifica, ocupando o lugar de quem carrega todas as culpas, espelhando o que é "errado" para que os outros possam se sentir "certos" e funcionais. Quando chega ao ponto de ser banido, segue sendo o depositário do "errado", para que, com aquele drama de banimento, os "certos e justos" levem adiante o Sistema.

Nos grupos de trabalho, de ensino, espirituais, círculos e outros, a energia do Bode Expiatório se apresenta na irritabilidade do grupo para com uma pessoa em especial. Parece que aquela pessoa é responsável por todos os distúrbios no grupo, que o grupo gasta tempo "consertando" as "bagunças" que aquela pessoa faz. O mais interessante, porém, é que a pessoa que em casa, na escola ou em algum outro grupo importante já foi o Bode Expiatório tende a ocupar naturalmente o lugar de quem vai receber essa energia. E uma das coisas mais dolorosas para nós, que somos seres que funcionam à base de conexão, é ser banido, é ser o Bode Expiatório. A energia do Bode Expiatório está sempre "quicando" na sala quando pessoas se reúnem com um objetivo comum. Quem ocupará o lugar de Vítima (o Bode) se comporta para merecer isso, isto é, procura MESMO causar problema, ou ser a coitadinha que não acompanha as outras, ou ser a que sempre está desequilibrada e que precisa do grupo para se regular etc. Ela se direciona para receber essa energia e desempenhar seu papel.

Na dinâmica do Bode Expiatório, estão sempre envolvidos três papéis:

- A Vítima
- O Perpetrador
- O Defensor

Em um grupo, a Vítima é quem recebe toda a energia do "você é errada, você é a culpada, você é inadequada, e quando você sair, este grupo vai ser muito melhor". O Perpetrador pode ser o grupo todo, mas em geral é quem se levanta e dá voz (geralmente usando o "Nós" como escudo), acusa e nomeia o que parte ou o grupo todo está sentindo. Ela pode ter sido o Bode Expiatório em sua própria família e agora quer tomar a dianteira e se assegurar de que dessa vez faz parte dos "certos e justos". Ela pode simplesmente ter questões de ego ou de autoridade, e então escolhe atuar no papel do Perpetrador. E sempre aparece o Defensor, o que vem em defesa da Vítima, o "peraí, não é bem assim". Ela se compadece da Vítima, pois provavelmente já esteve também naquele lugar ou, simplesmente, é uma pessoa alinhada com o arquétipo do Defensor.

Muito interessante observar que o Defensor SEMPRE será o próximo Bode. Sim, porque a dinâmica é interminável e é assim que muitos bons grupos, com excelentes intenções, finalizam em dor, sofrimento e traumas. O banimento do Bode Expiatório cria um espaço de respiro, todos sentem um "ah, agora sim, tudo resolvido!". O grupo parece funcional. Mas se houve um processo de Bode Expiatório ali, este não é nem de longe um grupo funcional. E o próximo Bode começa a se alinhar — o Defensor. Porque quando ela se destacou da maioria e fez uma voz de resistência, alinhou-se com a energia persecutória que envolve essa dinâmica, destacou-se e começou a ser a "diferente".

Na história temos muitos exemplos de Bodes Expiatórios, inclusive de povos inteiros que foram colocados neste lugar: as bruxas e curandeiros nos tempos da Inquisição (conhecemos bem isso, não conhecemos, irmãs queridas?); os judeus na Segunda Guerra Mundial, e minorias como os negros, os homossexuais e as mulheres ainda hoje em dia.

O arquétipo do Bode Expiatório está profundamente enredado em nossa cultura de "procurar culpados", de "pecadores", "do tem que caber e ser o que aquela sociedade definiu como normal".

E como se lida com um grupo quando você percebe claramente que a tríade "vítima-perpetrador-defensor" estão se alinhando? Veja, uma dica: a primeira energia que aparece é a do Bode Expiatório e um dos sinais pode ser que você começa a olhar aquela Irmã-Mais-Nova (= participante) como o "problema" naquele grupo. O que você faz? Você dá uma aula sobre a dinâmica do Bode Expiatório, como se fizesse parte do conteúdo. Isso faz com que as pessoas imediatamente se reconheçam no papel. E, depois de ensinar, pode ser até que uma típica dinâmica de Bode Expiatório se apresente e você pode nomear:

— Não estaria acontecendo aqui a dinâmica do Bode Expiatório?

Deixe então que o grupo navegue essa oportunidade de consciência. Geralmente, quando a energia do Bode Expiatório é retirada da sombra, do inconsciente do grupo, e mostrada às claras, um grande alívio permeia a todos, pois é uma energia muito perturbadora.

Uma observação: é importante salientar que nem sempre uma participante que perturba o grupo está atuando a dinâmica do Bode Expiatório. Ela pode estar exigindo de você algum posicionamento. Veremos isso nas tipologias. O mais importante é que você não coloque essa participante no papel do Bode Expiatório e não deixe — NUNCA — o grupo fazer isso.

3. CONSCIÊNCIA (INFINITAS POSSIBILIDADES OU CONECTIVIDADE MÚTUA)

> Neste estágio, tendo tido a experiência da Inclusão e da negociação das diferenças, o indivíduo começa a confiar que o grupo o aceitará como é. Isso instila novamente a confiança básica do indivíduo. Todos conectam novamente a bondade básica viva em si mesmos e nos outros, e sentem que podem assumir novos riscos pessoais e emocionais, porque são valorizados no grupo. **(Mukara Meredith)**

Minha experiência tem sido a de que, quando fazemos um bom trabalho de Inclusão e ajudamos o grupo a atravessar suas fases de Caos/Criatividade, a conectividade mais profunda e a consciência são o resultado natural. Aqui as pessoas e o grupo dão grandes saltos de crescimento e de "ocupar o lugar", pois há bastante segurança e senso de pertencimento. Senso de "Tribo", de comunidade — uma boa comunidade, onde há espaço para as diferenças e para a sabedoria que cada membro traz para o todo.

Consciência é um "estado de Ser" no grupo em que todas as partes representam o todo e todas as partes têm o direito de existir e pertencer individualmente, enriquecendo o "caldeirão" do grupo. Quando você vê as relações acontecendo em todas as direções possíveis, em uma rica matriz de interconexões, você chegou a essa fase.

Importante lembrar que espirais dos três estágios de Inclusão, Caos/Criatividade e Consciência estarão acontecendo o tempo todo. Então uma boa chegada na etapa da Consciência vai permitir voos cada vez mais altos em direção a uma Inclusão Radical e uma fase de Caos cada vez mais produtiva e curativa. Uma vez que o grupo tenha espiralado por estas três fases e aprendido a pertencer, estar aberto e confiante, mesmo o pior dos Caos será navegado com sucesso, porque a nossa natureza, a nossa tendência natural é a CONEXÃO. Quando todas as condições para isso estão presentes, somos corajosas para assumir cada vez mais riscos.

SENDO A "IRMÃ-MAIS-VELHA"

O QUE ENVOLVE OCUPAR ESTE LUGAR?

NOS CÍRCULOS, É MUITO IMPORTANTE que o modelo de poder não seja o PODER SOBRE — a hierarquia tradicional do tipo "meu cargo ou responsabilidade é maior do que o seu" ou com noções de "acima/abaixo". Porém, para que o grupo se sinta seguro para arriscar-se, é importante que ele reconheça e tenha uma líder ocupando/desocupando o lugar central.

No meu modelo de trabalho — o Círculo da Espiritualidade Feminina — chamamos esta posição de LUGAR. E chamamos este "lugar" de IRMÃ-MAIS-VELHA. Uma irmã mais velha — e não importa se ela é mais jovem em idade do que as Irmãs-Mais-Novas — é aquela que percorreu o Caminho antes ou que foi preparada ou iniciada para ser Guardiã ou Guia daquele Caminho. Ela não está ACIMA — ela está ATRÁS — como o Lobo Alfa que, como comentei antes, segue atrás, protegendo a matilha. Ela está com a mão protetora nas costas de cada participante, como se dissesse: "Estou aqui, eu conheço o Caminho e a protegerei dos perigos. Conte comigo, eu sei o que estou fazendo".

Uma Irmã-Mais-Velha insegura ou com dificuldade de ocupar este Lugar pode trazer movimentos caóticos ao grupo, ou atrair para si mesma uma dinâmica do Bode Expiatório. Por isso eu reitero — se você é iniciante, é importante que escolha a simplicidade, escolha trabalhar com o que conhece e tem segurança. Não se preocupe em ser "muito simples". Você vai atrair aquelas mulheres que precisam dessa simplicidade, porque se fosse mais denso ou profundo, talvez elas não conseguissem acompanhar ou se assustariam. O Universo é perfeito na sua regra do "semelhante atrai semelhante". Aos poucos, conforme você ganha confiança, pode ir arriscando mais.

Igualmente, quando você é iniciante, é muito importante que tenha uma Irmã-Mais-Velha, aquela pessoa que a iniciou ou alguém que oferece supervisões para ajudá-la a resolver questões difíceis que possam surgir. É como se nós tivéssemos uma irmã atrás de nós com a mão direita em nossas costas, e ela tivesse também atrás de si outra Irmã-Mais-Velha e assim infinitamente — como se fôssemos uma linhagem de Irmãs-Mais-Velhas, apoiando, validando e protegendo o lugar umas das outras.

Porém, muitas vezes, não temos esse acesso. Estamos distantes, não temos condições financeiras de nos deslocar para outro estado ou cidade para sermos iniciadas por alguma Irmã-Mais-Velha que ofereça esse tipo de formação. Então os livros daquelas que vieram antes de você — como este que está em suas mãos — podem cumprir esse papel. Ao final, vou indicar outros livros que podem ajudar as iniciantes. Em um Círculo, é importante que de tempos em tempos você desocupe o Lugar de Irmã-Mais-Velha. É quando o grupo está fazendo ou apresentando algo, quando uma participante é convidada a compartilhar sua maestria (uma dança, um canto, um tocar de instrumento ou tambor). Você, então, retira essa energia e deixa a Irmã-Mais-Nova estar no centro. Nesse modelo, o centro sempre é móvel e fluido, adaptando-se ao movimento orgânico do grupo.

PESSOAL, INTERPESSOAL E CAMPO: OS TRÊS NÍVEIS QUE UMA IRMÃ-MAIS-VELHA ESTARÁ SEMPRE RASTREANDO

Se você quer ocupar com maestria seu Lugar de Irmã-Mais-Velha, vai ter de aprender a RASTREAR, FAREJAR — "LER" O CAMPO. Essa qualidade lhe permitirá estar atenta a qualquer energia ou movimento que causa estremecimento no equilíbrio do grupo. O Bode Expiatório, por exemplo, é uma energia que costumo dizer que está sempre "quicando na sala", procurando um lugar ou situação propício para ancorar e se desenvolver. Você, como Irmã-Mais-Velha, está responsiva, atenta e amorosa com o grupo, mas, EM PARALELO, está com as antenas da intuição sempre "lendo" o Campo, procurando captar — antes de acontecer — qualquer movimento que possa prejudicar o bom fluir do programa proposto para aquele dia ou momento.

O rastreamento acontece em três níveis. Vamos a eles:

1. PESSOAL

Isso se refere à experiência pessoal de cada mulher presente. Você está atenta às mudanças de feição, respostas corporais e observa quando aquela Irmã-Mais-Nova não está recebendo o que está sendo falado ou ensinado em um lugar confortável. Igualmente rastreia quando a participante está tendo um *insight*, uma revelação, quando "uma ficha caiu", como costumamos dizer, referindo-se a algo que migra do inconsciente para o consciente. Você dá espaço para que aquilo venha à tona se a pessoa quiser, você se mostra curioso e disponível para o processo pessoal de cada uma, sem significar que você quer curar, resolver ou fazer "terapia de grupo".

Sobre este nível, comenta Mukara:

> Refere à experiência interior de cada membro. Você está rastreando cada indivíduo e o impacto que o grupo está tendo nele. Não é importante estar certo sobre o que está acontecendo com eles ou fazer interpretações inteligentes sobre isso. É apenas importante que você demonstre que se importa com o que está acontecendo com eles.

Essa é a sua parte em fazer com que cada participante se sinta incluída, apreciada e bem-vinda.

2. INTERPESSOAL

Aqui nos referimos a rastrear as conexões entre as participantes, a perceber os fios da matriz que as unem ou que passaram a existir no momento em que foram reunidas e de que natureza são ou se apresentam. Você presta atenção a tudo. Por exemplo, se alguém está fora dessa conexão, ou traz dificuldades (que você observou no nível Pessoal) que as estão impedindo de sentirem-se plenamente presentes, abertas e confiantes com o grupo.

Mukara sugere que façamos a nós mesmas, como facilitadoras, perguntas como: "Interpessoal se refere a rastrear as conexões entre membros. Quem está conectado a quem? Tem alguém no grupo que não está conectado? Existe alguma relação especial que não foi nomeada? Existem membros com relações especiais compartilhando seu amor com o todo grupal ou eles estão formando uma 'panelinha'? Como eu posso ajudar as pessoas a conectarem-se umas às outras?"

3. O CAMPO

Sempre digo que nenhum grupo se reúne por acaso. O que eu chamo de "o bordado da Deusa" é a reunião de "coincidências" que faz com que um grupo específico de mulheres tenha sido colocado junto, durante um período predeterminado de tempo, para realizarem uma tarefa juntas, isto é, aquilo que é a proposta ou tema daquele Círculo. Em um nível mais transpessoal, também é como se essas irmãs tivessem conspirado para estarem juntas por algum propósito que ninguém sabe exatamente ainda, que pode se tornar visível ou não. Esse nível se refere à energia e à personalidade deste grupo como um todo.

Essas são as perguntas que Mukara nos sugere que façamos nessa fase: "Quais são os temas compartilhados que estão surgindo? Qual é a qualidade única deste grupo? Quais são as propriedades emergentes vindo destes indivíduos quando colocados juntos?"

Então você está sempre levando sua percepção do pessoal para o grupo e para o campo. Em cada um desses planos, há informações que podem ajudá-la a fazer da experiência um momento de aprendizagem sobre como estar em grupo. Igualmente, observar cada um desses níveis lhe garante que perceba tanto pontos de perigo quanto pontos de cura e expansão, que ajudarão a aportar segurança e entrega para o propósito do grupo.

E, por fim, as três funções ou capacidades que mostram que o grupo é saudável:

A. CUMPRIR A TAREFA

Um bom grupo, funcional, cumpre a tarefa. Por isso as barreiras de tempo são importantes. Se você dá vinte minutos para que uma tarefa seja concluída, pode até dar uns cinco minutos a mais, mas é preciso que o grupo, par ou tríade seja capaz de realizá-la. O mesmo vale para o que é ensinado. Suas perguntas aqui são: O grupo é capaz de realizar a tarefa? O que ajudaria esse grupo (par ou tríade) a realizá-la?

É importante que você traga isso para o Círculo — "um bom grupo cumpre a tarefa". Há um conteúdo a vencer, há práticas ou rituais que foram programados para acontecer e por um propósito, há uma contrapartida que tem de ser dada pela participante. Se o grupo não consegue realizar a tarefa, é bom você avaliar sua parte nessa dificuldade e também a parte das integrantes, tomando ação para que a tarefa seja cumprida. Por exemplo: você observa que uma pessoa sempre ultrapassa o tempo para fazer a tarefa proposta, que o par dessa pessoa sempre fica prejudicado, não recebendo a troca (por exemplo, quando analisam juntas as cartas dos Oráculos escolhidos). Então você toma atenção e vai dando notícias do tempo que resta ou pode chegar perto e perguntar: — Vocês já trocaram? Tem mais X minutos para isso. E fica atenta, fazendo um pouco de "pressão amorosa" para que a tarefa seja cumprida.

B. NUTRIR SEUS MEMBROS

Em um encontro de Círculo funcional, todas se sentem nutridas (ao invés de esgotadas) depois de passar horas juntas. O cansaço é natural — especialmente se são muitas horas, se os conhecimentos trazidos são muito novos ou "diferentes" ou se as práticas foram muito intensas (positivamente falando) emocionalmente. Mas cansaço é diferente de exaustão. Mukara sugere estas perguntas: "As integrantes deste grupo sabem nutrir umas às outras?" "O amor e a parceria estão sendo compartilhados neste grupo?" "Como criar um ambiente nutridor para elas?" Caso você chegue à conclusão de que o grupo não está sendo nutridor, é hora de voltar aos exercícios de Inclusão.

C. PRESTAR ATENÇÃO ÀS RELAÇÕES

Muitos círculos são voltados à tarefa (aprender, fazer rituais, confeccionar coisas etc.). Outros são voltados a processo (emocional, energético, psicológico). Você, como Irmã-Mais-Velha, também tende a dar importância mais a um do que a outro: se você é do tipo que "cumpre a tarefa", tende a atrair participantes que também dão menos atenção ao processo (sentimentos e contribuições de cada membro). Do mesmo modo, se tende a ser alguém que valoriza muito o processo, tende a atrair grupos que ficam perdidos no processo e esquecem da tarefa. Pode haver aprendizados de equilibrar os dois lados para você aqui, bem como para seu Círculo. Segundo Mukara, estas são as perguntas que você deve se fazer: "Pode este grupo cumprir a tarefa sem ignorar os sentimentos e contribuições de cada membro? Este grupo opõe tarefa e processo ou eles podem realizar a tarefa e continuar criando tempo para processar os sentimentos dos membros?"

Segundo o que aprendi com Mukara, estas são algumas dicas do que se observar:

- Quem fala muito; quem fala pouco.
- O arranjo das cadeiras; o uso do espaço.
- As interações não verbais.
- Padrões de interação: quem fala depois de quem.
- Normas emocionais = liberdade ou não de se expressar.
- Temas que emergem.
- Como o grupo responde às participantes mais distantes.
- O arquétipo do Bode Expiatório está presente em formas sutis ou explícitas?
- Interações entre as pessoas que têm relações pré-existentes.

- Formação de duplas ou trios ("panelinhas").
- Impacto dos talentos individuais = muito ou pouco.
- Quem tem influência sobre o grupo e por quê.
- Quem apoia quem?
- Quem conspira com quem? Por quê?
- Qual é seu senso do que está "abaixo da superfície"? É algo que quer vir à tona?

SINTETIZANDO ALGUMAS CHAVES PARA SE ENTENDER COMO UM CÍRCULO PODE SER FUNCIONAL E NUTRIDOR PARA TODOS

Para um Círculo ou qualquer grupo ser funcional e nutridor, alguns elementos fundamentais têm de estar presentes:

1. SEGURANÇA

Quando o bebê chega ao mundo, o mais importante é a segurança. Segurança significa ser bem-vindo, bem recebido, aceito e amado. Mas, mais do que tudo, segurança significa que suas necessidades serão atendidas e ele sobreviverá. A necessidade de segurança é básica, primordial, está no desenho de nossa biologia e não há como contestar isso. Num grupo é assim também, pois significa que o participante está seguro o suficiente para correr riscos. A pergunta que deve ser respondida é "o que eu preciso para me sentir seguro?". É através da CONEXÃO que nos orientamos para a segurança, por isso é tão importante que a Irmã-Mais-Velha esteja bastante atenta sobre como oferecer esse ambiente seguro e cuidar das relações. É por isso também que recomendamos que os grupos não ultrapassem 20 pessoas e, acima disso, recomendamos fortemente que você chame uma colega para cofacilitar com você, pois assim ela poderá ajudá-la a rastrear o grupo, prestando atenção aos detalhes que você, como líder principal, pode estar perdendo.

2. SUPORTE/APOIO

Aqui temos duas direções = ser capaz de dar suporte, mas também de receber apoio. Tudo na natureza é interconectado, todos os sistemas e relações sobrevivem porque se nutrem e se apoiam. Um suporte positivo e saudável desenvolve independência e autonomia na criança, e assim acontece nos grupos. Pense na participante como uma criança de cinco anos e muita coisa vai fazer sentido para você no comportamento dela. O apoio externo — do grupo, da Irmã-Mais-Velha, do conteúdo ensinado ou praticado — tem de tornar a participante mais forte, e não mais fraca.

3. EXPRESSÃO CRIATIVA/LIBERDADE

Quando há forte senso de segurança e de suporte, a expressão criativa e a liberdade naturalmente se apresentam.

4. VERDADE

Quem a irmã é e a verdade que ela traz são bem-vindas no grupo. Embora seja esperado que ela traga a "mente e a atitude do aprendiz", dentro dos Círculos da Espiritualidade Feminina aquilo que a pessoa É tem lugar e é valorizado.

5. VALOR E RECONHECIMENTO

Sempre vamos receber as participantes que estão mais "adiantadas" no processo e, portanto, são aquelas que brilham desde o primeiro dia, e aquelas que teremos de "puxar" e ajudá-las a descobrir seu valor. Por isso a INCLUSÃO é tão importante. Vale gastar um bom tempo nesse processo, porque isso vai garantir que todas tenham espaço. As que ocupam muito espaço têm de ceder um pouco. As que são mais reservadas precisarão dar um passo à frente.

Para poder responder melhor aos desafios e comportamentos que nossa Irmã-Mais-Nova pode apresentar, vamos analisar alguns padrões que tenho observado ao longo dos anos.

1. "SACO SEM FUNDO" = ESTRUTURA DE NECESSIDADE

Não importa quanto de atenção a participante receba, nunca vai ser suficiente. De modo geral temos aqui uma criança que não recebeu muita atenção e precisou desenvolver estratégias para sobreviver nos relacionamentos. Há duas formas que essa tipologia engaja:

a) Aluna brilhante/inquisitiva = interrompe você a cada momento com perguntas, considerações e "contribuições" dos conhecimentos que traz. Porém, sempre de forma delicada, inteligente e espirituosa. Sobrecarrega o grupo de forma invisível, pois tende a fazer com que os mais quietos e menos informados se sintam inadequados. Quer ser a "primeira da classe", chamar atenção com o esforço e a competência. É, de modo geral, bem prestativa e está sempre atendendo as pequenas necessidades da Irmã-Mais-Velha, tentando se tornar imprescindível. Esta é a criança que experimentou rejeição já no útero e ao nascer encontrou uma família desestruturada, com problemas emocionais ou de saúde (especialmente da mãe) e teve realmente de chamar atenção para poder ser notada. Nesse caso, ela escolheu o padrão "criança boa para ser amada" e, acima de tudo, escolheu usar toda a sua inteligência (que não é pouca) para conseguir isso.

b) Aluna fechada e "inferior" = a todo momento demonstra não sentir pertencer. A "coitadinha de mim", a que nunca está bem quando você faz a compartilha da manhã (em retiros ou programas continuados), a que não fala, mas tem uma nuvem sobre a cabeça, atraindo a atenção de todas as outras participantes que se alinham com o arquétipo da Salvadora ou de Deméter (falaremos sobre eles mais adiante). Adoece com frequência — dores de cabeça, problemas de coluna e estados que "apareceram do nada" na noite anterior ao círculo ou no meio do programa. Ela engaja com pedidos de socorro silenciosos ou nem tanto, quer atenção constante e, não importa quanta atenção receba, nunca é suficiente. Sobrecarrega o grupo sugando a energia vital de todo mundo. Ao mesmo tempo, faz a Irmã-Mais-Velha e as colegas se sentirem inadequadas para dar o que ela precisa, já que é impossível de preencher o "saco sem fundo" de atenção e nutrição que deveria ter vindo dos pais e não estava presente na infância. A infância desta tipologia é, de modo geral, um deserto, e ela só ganhava atenção quando virava um "problema".

2. CONFUSÕES DE LUGAR = EGO IMATURO

Esta é a participante que a desafia a todo o momento e quer de fato estar no lugar da Irmã-Mais-Velha. Vai fazer jogos de poder e questionar as dinâmicas e a pedagogia que você está apresentando, dizendo que "não funciona para o grupo". Tende a falar bastante o "nós" e o "a gente", colocando-se como porta-voz do grupo. Se essa tipologia der a sorte de encontrar uma Irmã-Mais-Velha que não tem as fronteiras bem definidas e não ocupa adequadamente seu Lugar, haverá muito distúrbio, pois esta mulher tende a se colocar como "liderança paralela".

Este é a tipologia que engaja por meio do DESAFIO. A estratégia por trás dessa atitude é "antes que você me abandone, já fui". Ou "você não vai me cuidar mesmo, então deixa que eu faço". Esta é a criança que veio de uma família em que o lugar de "criança boa" e de "criança problema" já estavam ocupados pelos irmãos mais velhos ou pela própria mãe ou pai. Então o lugar que sobrou foi o de falsa independente, que consegue se relacionar e ser notada ao desafiar. Parece ter uma autoestima enorme, mas a "bravata" apenas esconde uma chaga imensa e aberta na autoestima.

3. PERSÉFONE = TUDO LUZ, NEGAÇÃO DA SOMBRA

"Vê e sente" pelo grupo, traz a autoridade "da luz", psíquica, médium, manipuladora. Frequentemente passa mal durante o curso, variando da tipologia Saco sem Fundo para a tipologia Confusões de Lugar — "coitadinha" versus "sei tudo". Quer desesperadamente se conectar, pois vem de uma família em que se sentia um ET e só se sentiu valorizada nos grupos espirituais em que suas habilidades psiquicas são admiradas. Tende a ter dificuldade de compreender conceitos de integração de luz e sombra. Ou até mesmo o conceito deste livro — de reconhecer, conscientizar e integrar as Sombras como partes preciosas de estar em Círculo. Essa tipologia não quer ver a sombra e tem grande dificuldade quando qualquer caos se apresenta, embora seja ela precisamente a que detona os movimentos de caos. Tende a exaurir o grupo, especialmente as tipologias Deméter — as "mãezonas" — de quem sempre granjeiam atenção mais do que especial.

4. TRAUMATIZADA = TUDO "É DEMAIS"

Pode ser confundida com a tipologia Perséfone, já que ambas têm sérias feridas de abuso e quebra de fronteiras de todos os tipos — físicas, emocionais e psiquicas. As da tipologia Perséfone são abusadas até pelos seres espirituais a quem servem, pois uma de suas características é a dificuldade de colocar limites entre o mundo dimensional e o mundo da matéria. A tipologia Traumatizada é aquela participante que não consegue sair do Vórtice de Trauma — ela se encaixa em todos os conteúdos de traumas ou problemas colocados no Círculo, com qualquer proposta ou ritual ela entra em processo, enfim, tudo o que se trabalha, tudo É SOBRE ELA. Está sempre girando ao redor do próprio umbigo, lugar seguro, porque os relacionamentos (inclusive com as outras Irmãs-Mais-Novas) é perigoso. É tanto a que "puxa" os processos de caos (junto com as do tipo Perséfone) como a que puxa profundos processos de cura, pois ao lado daquele Vórtice de Trauma gigante, existe um Vórtice de Cura igualmente gigantesco. Nela moram todas as possibilidades, e é bom compreender que ela não é simplesmente aquela que criou uma estratégia de sobrevivência diante de dificuldade de vínculo na infância (como as outras tipologias), mas alguém que realmente viveu anos seguidos de traumas diversos, que veio parar nessa roda justamente porque, na busca por curar a si mesma, acabou encontrando maravilhosos formatos de cura que a levaram até a Deusa. Ela está sentada em sua Roda principalmente para se curar, mas já tem o suficiente para oferecer ao outro. Seu sofrimento é sincero, seu direcionamento para os Recursos é total e, basta dar um estímulo, ela aproveitará qualquer oportunidade para renegociar com algo importante. Tem o poder de fazer isso reverberar em todo o grupo.

5. A BEM RESOLVIDA - A BEM TRABALHADA

Sim, esta tipologia existe! É a que apoia seu trabalho porque já está em um nível em que renegociou e curou muita coisa e realmente está ali naquela roda porque se interessa pelo que está sendo ofertado. Sempre oferece uma "linha média" e é aquela que, se você não tem um co-facilitador, deverá estar sentada à sua frente, pois oferece naturalmente esse ponto de equilíbrio no grupo.

Todas as tipologias querem apenas uma coisa: PER-

TENCER. Mantenha sempre no campo sua compaixão, paciência e amor. Isso às vezes se manifesta em um limite amoroso, pois dar limite a quem precisa recebê-lo também é um ato de amor. Porém, a forma como isso é feito é sempre com um tom de voz firme e normal e, se for necessário, trazendo os conceitos de Intenção versus Impacto e Falar na Primeira Pessoa.

NEURÔNIOS-ESPELHO

A descoberta científica dos neurônios-espelho prova como é importante o que vivemos em conjunto e porque temos de considerar, como Irmãs-Mais-Velhas, a inteligência do grupo.

Hoje em dia temos todo tipo de estudo sendo feito na área de neurociência, que nos ajuda a compreender a capacidade de empatia, engajamento social, compaixão e nossa imensa habilidade de aprender com o outro. Para você que facilita grupos e círculos, uma compreensão básica dessas novas pesquisas é importante, porque reforçam a importância de oferecermos grupos nos quais as interações são verdadeiras, seguras e cheias de infinitas possibilidades de interconexão, o que resultará em um aprendizado e experiência que poderá potencialmente curar os traumas de vínculo que essa participante carrega.

Os neurônios-espelho foram descobertos por acaso pela equipe do neurocientista Giacomo Rizzolatti, da Universidade de Parma, na Itália. O grupo colocou eletrodos na cabeça de um macaco, um aparato que permitia acompanhar por um monitor a atividade dos neurônios na região do cérebro responsável pelos movimentos. Cada vez que o macaco cumpria uma tarefa, como apanhar uvas passas com os dedos, neurônios no córtex pré-motor, nos lobos frontais, disparavam. Quando um aluno entrou no laboratório e levou um sorvete à boca, o monitor apitou — foi uma surpresa para os cientistas, porque o macaco estava imóvel. O mais intrigante é que sempre que o macaco assistia o experimentador ou outro macaco repetir essa cena com outros alimentos, os neurônios disparavam.

Mais tarde, exames de neuroimagem mostraram que nós temos neurônios-espelho muito mais sofisticados e flexíveis do que os dos macacos. "Nosso conhecimento motor e nossa capacidade de 'espelhamento' nos permitem compartilhar uma esfera comum de ação com os outros, dentro da qual cada ato motor ou cadeia de atos motores, sejam eles nossos, sejam dos demais, são imediatamente detectados e intencionalmente compreendidos antes e independentemente de qualquer mentalização", observa Rizzolati.

A equipe do neurocientista Giovanni Buccino, da Universidade de Parma, usou ressonância magnética funcional para medir a atividade cerebral de voluntários enquanto eles assistiam a um vídeo que mostrava sequências de movimentos de boca, mãos e pés. Dependendo da parte do corpo que aparecia na tela, o córtex motor dos observadores se ativava com maior intensidade na região que correspondia à parte do corpo em questão, ainda que eles se mantivessem absolutamente imóveis. Ou seja, o cérebro associa a visão de movimentos alheios ao planejamento de seus próprios movimentos.

Outras experiências mostram que os neurônios-espelho dos macacos ainda são ativados diante de um estímulo indireto, que é associado a uma tarefa. Por exemplo, o som de uma casca de amendoim se quebrando. Isso se deve aos neurônios-espelho audiovisuais, que seriam importantes na comunicação gestual desses animais. Nos seres humanos isso também é possível: os neurônios são ativados quando a pessoa imita, complementa uma ação ou apenas imagina ela própria realizando essas mesmas ações.

"Os neurônios-espelho mudaram o modo como vemos o cérebro e a nós mesmos, e têm sido considerados um dos achados mais importantes sobre a evolução do cérebro humano", diz o neurocientista Sérgio de Machado, pesquisador e pós-doutorando do Laboratório de Pânico da Universidade Federal do Rio de Janeiro (UFRJ). "Se a tarefa exige compreensão da ação observada, então as áreas motoras que codificam a ação são ativadas. Isso indica que há uma conexão no sistema nervoso entre percepção e ação, e que a percepção seria uma simulação interna da ação", completa.

O que nós e cada participante do Círculo estamos espelhando umas para as outras? Se somos basicamente pessoas empáticas, a energia que o grupo gera ao estar junto é muito importante. Estar atento a essas relações e inter-relações nos permite ser o "gandula" que mantém a bola em campo sempre que a direção fica perdida ou a energia fica "plana", sem vida, sem interesse. Ancorar a sabedoria do grupo e, ao mesmo tempo, estar aberto e empático, é uma aprendizagem constante de uma Irmã-Mais-Velha.

O MODELO DO CÍRCULO DA ESPIRITUALIDADE FEMININA

ESTE É O RESULTADO DE MINHAS próprias observações e criações, dos aprendizados com Matrixworks e com o aprendizado que cada grupo me deixa.

Aqui quero descrever como fui criando, ao longo dos anos, o formato Círculo da Espiritualidade Feminina, que funciona muito bem de modo geral. Costumo fazer Círculos de pelo menos três horas, mas gosto mesmo dos mais longos, de dia inteiro, ou mesmo de retiros. A metodologia, de qualquer forma, pode ser aplicada a qualquer modalidade oferecida.

De modo geral, vou em um crescendo — na primeira parte dou explicações sobre nossa programação (isso traz segurança) e começo sempre por palestras ou atividades mais "mentais". Por que faço isso? Porque isso "ganha" a Mente, que relaxa e libera a participante para os níveis mais profundos, nos quais o Coração e a Intuição são os protagonistas. A parte intermediária envolve dinâmicas em duplas ou trios e a parte final apresenta um ritual, finalizando com uma "recolhida de rede", todas em Círculo, com BREVES compartilhas da experiência e checagem se todas estão bem.

Algo bem importante é oferecer um lanche bem gostoso, caprichado e saudável no meio de seus programas. A nutrição que vem da comida especialmente preparada e lindamente apresentada faz parte de nossa memória emocional infantil. Um momento de confraternização de uns 20 a 30 minutos ajuda muito a construir pontes de relação entre as participantes.

Quando faço Círculos em meu estúdio, eu mesma preparo o que ofereço — tudo lindo, vegetariano ou vegano, integral e orgânico. Recomendo que você não ofereça alimentos com muito açúcar em seus encontros. O açúcar sobrecarrega o baço e traz cansaço. Para ficar acordada, a participante então coloca adrenalina no Sistema, o que predispõe a humores raivosos e impacientes. Escolha açúcares mais naturais, como o das frutas, o mascavo e o demerara, e ainda assim não adoce muito os alimentos. Não precisa ser nada luxuoso ou caro — pode ser bem simples, pode ser encomendado se você não cozinha ou não tem tempo, mas a participante precisa sentir que você preparou, pediu ou encomendou amorosamente aquela refeição. Isso traz embutida uma mensagem de que a pessoa é bem-vinda.

No Círculo da Espiritualidade Feminina, o lanche é o momento de alimentar a Criança de forma saudável e amorosa. Seja vegano, vegetariano ou não, esse carinho e cuidado demonstrado no que nutre ajuda muito na confiança e na entrega das participantes. É bom também perguntar se alguma participante tem alguma restrição alimentar (glúten, por exemplo) ou alergias, e cuidar que esta pessoa tenha opção de alimentos. Isso a fará sentir-se muito acolhida e respeitada em suas necessidades especiais.

Para você ter uma ideia do que ofereci em meu último Círculo da Espiritualidade Feminina: pão sem glúten + pão integral + pão árabe integral + pasta hommus, caponatta de berinjela; pasta de azeitonas + bolo de milho + salada de frutas + chás; café sem leite; suco de laranja. Estava uma delícia, irmã querida!

Vamos agora aos passos que costumo seguir:

1. BOAS VINDAS: saber que é bem-vinda, bem recebida e que sua presença é esperada

É muito importante que a participante se sinta bem-vinda e segura. Para isso, você mesma deve recebê-la ou, caso tenha uma equipe de organização, elas deverão chegar antes das participantes, com uma disposição amorosa. A frase "Seja bem-vinda!" é sempre a primeira a ser dita. Quando é sua produção que recebe, você fica na porta da sala onde o Círculo vai acontecer e, mesmo que já tenha cumprimentado as irmãs que chegam, dá um novo "bem-vinda", recebendo-as no espaço sagrado onde acontecerá o curso.

2. FRONTEIRAS DE TEMPO: um dos elementos que fornece a sensação de Segurança

Começar e terminar no horário, bem como informar no início a ESTRUTURA DE TEMPO em que se vai trabalhar, dá à Criança Interna uma base de parâmetros que deixará o adulto tranquilo. Parece uma coisa simples, mas faz grande diferença. Caso você veja que vai ter de esperar mais do que 10 minutos por alguém faltante ou mesmo ter de acabar mais tarde por algum tipo de atraso, você sempre INFORMA e PERGUNTA se está bem que seja feito algo fora do previamente informado/combinado.

Igualmente, se você prepara um programa que envolve dias seguidos, se começar na hora no primeiro dia, as atrasadas vão compreender que o Círculo começa na hora e que, se atrasarem, perdem conteúdo. Isso dá um parâmetro de segurança sutil, mas poderoso — e é muito importante oferecer SEGURANÇA à participante. Logo ela irá estabelecer as "rotinas diárias", pois sabe — em linhas gerais — o que a espera para o dia. Se algo muda na estrutura de tempo do dia, essa é a primeira coisa a ser informada após o encontro matutino.

3. FRONTEIRAS DE ESPAÇO: fronteiras claras igualmente ajudam a estabelecer segurança.

Explique qual espaço está disponível às participantes, onde estão os banheiros, onde será servido o lanche, onde tem água etc. Se você oferece o círculo na sua casa ou espaço, especifique também quais são as áreas em que a irmã invadiria seu Espaço Sagrado pessoal. No Espaço Cler Barbiero (meu estúdio de pintura e local preferido para realizar os Círculos, por ter todos os quadros de Arte Curativa nas paredes, e que fica nos fundos de minha moradia), sempre crio uma "linha imaginária" com as participantes, que separa a minha casa do espaço no pátio onde podem frequentar sem preocupação de invadir minha privacidade. Isso cria fronteiras claras e evita projeções e dificuldades de ambos os lados.

4. TRABALHANDO EM CÍRCULO, CRIANDO AS INTERCONEXÕES E INCLUSÃO: começando a tecer os fios da rede de interconexões

De modo geral, procuramos dispor as cadeiras de maneira circular (ou em meia-lua em momentos em que vamos usar o projetor), de forma que todos as participantes vejam umas às outras. Na escolha do local, dê preferência a lugares onde haja espaço extra, pois isso dará respiro para a intensidade das interações, além de oportunidade para que as participantes se conheçam melhor e estreitem os laços a cada oportunidade. Locais apertados, nos quais as participantes estão desconfortáveis e mal acomodadas, predispõem a irritabilidade e conflitos. Se você dispõe apenas de uma sala pequena, mais vale limitar o número de participantes do que deixá-las horas seguidas em um processo profundo de trabalho interno e mal acomodadas fisicamente.

Importante também que você garanta que seja um local limpo e bem conservado — o que mostrará que você realmente se importa em receber suas Irmãs-Mais-Novas da melhor maneira possível! É preciso também ser capaz de atender a alguém que tenha limitações físicas — uma pessoa que precisa, por exemplo, sentar-se em uma cadeira alta por dores na coluna, enquanto você só tem almofadas no chão a oferecer. Dentro do modelo do Círculo da Espiritualidade Feminina, cuidamos dos detalhes, porque, ao fazer isso, estamos dizendo: "Eu me importo com você!"

5. RETIROS E PROGRAMAS CONTINUADOS: uma rotina diária garante uma sensação de segurança

Como mostra o estudo do biólogo inglês Rupert Sheldrake e seus Campos Mórficos, somos pessoas de hábitos. Por isso é importante que haja uma certa rotina no dia do encontro (que você vai explicar quando apresentar a estrutura de tempo de cada dia). Por exemplo, em meus Círculos e cursos de formação, a rotina é: ao chegar, e antes de entrar na sala, a pessoa usa o borrifador Florais da Deusa Alma Feliz e o Bálsamo Florais da Deusa Equilíbrio de Todos os Chakras. Espera lá fora enquanto eu cuido dos últimos detalhes e preparo energeticamente o ambiente. Recebo a pessoa na porta com um abraço, um beijo e um sonoro "Seja bem-vinda!". Convido a participante a se sentar cada dia em um lugar diferente. Faço todas se darem as mãos e convido-as a deixarem lá fora todas as preocupações e a estarem plenamente presentes nas tarefas daquele dia. Se for o primeiro dia, sigo para Inclusão e, se não for, sigo para alguma prática de meditação ou dança, seguida de compartilha.

6. INDO DO MAIS EXTERNO PARA O MAIS INTERNO

Como já falei antes, no modelo Círculo da Espiritualidade Feminina, começamos do mais superficial e externo — geralmente os assuntos e propostas mais "mentais" — e seguimos em um crescendo até chegar a níveis bem profundos, com rituais ou práticas que levam aos "continentes internos".

7. FERRAMENTAS E RECURSOS: para enriquecer e tornar nossos Círculos mais ricos e profissionais

• Se o tema daquele dia é teórico — os Sete Chakras, por exemplo — pode ser bem interessante exibir uma apresentação em Power Point ou um vídeo e, nesse caso, ter um computador e um projetor para apresentá-los. Usar imagens ajuda sua palestra a não ficar entediante, pois o conteúdo entra por diversos "canais". E algumas pessoas são mais sensoriais, precisam de estímulos.

• Tarôs e Oráculos ajudam muito a criar pontes e momentos de *insight* e compartilha entre as Irmãs-Mais-Novas. Eu uso meus próprios oráculos — tenho mais de dez criados. Se quiser conhecê-los, entre no site www.clerbarbiero.com.br, e lá você encontra os oráculos físicos de Atena, Afrodite e Da Autoestima. Existem também os oráculos online de Afrodite e do Dia, mas certamente você precisará de cartinhas físicas. Há outras possibilidades, como o Oráculo das Deusas ou outras modalidades de tarô, que não precisam necessariamente ser de Deusas, pode ser o Xamânico ou qualquer outro que traga o texto diretamente escrito na carta ou pelo menos uma frase, pois isso facilitará seu trabalho.

Sempre peço para as pessoas escolherem uma carta da Deusa/Deus e depois uma Qualidade do Oráculo da Autoestima. De posse disso, convido as participantes a escolherem uma dupla e comentarem um pouco dos *insights* que a escolha trouxe. Depois reúno todo mundo na roda grande para uma compartilha coletiva. Já aproveito para chamar a atenção para que você, em seu papel de Irmã-Mais-Velha, interrompa gentilmente as compartilhas muito longas e detalhadas. Eu faço assim: "Irmã, vou pedir para você chamar o Anjo da Síntese para perto de você, pois temos muito a fazer hoje ainda". Também é bom sempre — ao convidarmos para a partilha na roda grande — dizer que a compartilha é "bem-vinda, mas não é obrigatória". Para algumas pessoas, é muito ativador falar em público, especialmente se é a primeira vez que participam de um Círculo.

Materiais que facilitem a presença e o aconchego das participantes também são sempre importantes: colchonetes e almofadas para as sonecas do intervalo do almoço (quando o encontro é de um dia ou retiro); cadeiras confortáveis; xales e cobertores se está frio, água em abundância e disponível, etc.

8. A PRESENÇA DO ALTAR

No formato Círculo da Espiritualidade Feminina evitamos trazer símbolos e objetos identificados unicamente com uma religião ou filosofia, assim evitamos também as separações e resistências que muitas vezes vêm junto com as posturas e práticas religiosas. Às vezes honramos Virgem Maria, noutro encontro Hera, noutro ainda Inanna, noutro Iemanjá, e assim por diante — sem barreiras religiosas. Isso separa as pessoas e nós praticamos a união.

Nesse formato, o altar geralmente é uma mandala colocada no chão sobre um pano ou crochê bonito, no centro da sala, e ao redor se arranjam as cadeiras ou almofadas em formato circular. O altar central representa o "Ponto Sagrado" no espaço da sala, onde, de modo geral, temos uma representação da Divindade (feminina, masculina ou ambas), mas pode ser também cristais, um arranjo com flores, uma mandala de cristais ou flores — do jeito que você gostar. Gosto de usar estátuas, pois, como são sólidas e bem visíveis, ajudam a participante a se conectar mais facilmente. O importante é que seja um altar bonito, colorido e amorosamente preparado, atraindo toda a boa energia para si. Em cada quadrante (direção), colocamos, além das representações dos quatro Elementos (sobre os quais já falamos antes), também os materiais que vamos usar nos rituais e práticas.

OCUPANDO SEU LUGAR DE IRMÃ-MAIS-VELHA

Mesmo que usemos o conceito do "centro móvel" em nossos Círculos da Espiritualidade Feminina ou "liderança móvel", onde o foco do poder não está só na facilitadora, mas na inteligência da coletividade do grupo, é muito importante que você OCUPE SEU LUGAR. Neste formato, a Irmã-Mais-Velha não é apenas aquela que tem a função de entregar conhecimento e fornecer um campo seguro para que as participantes acessem o que devem acessar, mas uma Guardiã dos Portais e das Dimensões, além de uma Ancoradora dos processos curativos das participantes. É um lugar de Poder, que pode receber muita projeção negativa, e onde até você pode ser armadilhada por seu próprio Ego.

Porém, estando neste Lugar de Poder, sentindo toda essa energia passando ATRAVÉS de você, como não cair nas armadilhas do Ego imaturo?

Respondo essa para você, irmã querida:

Com a manutenção constante do SENSO DE SERVIÇO. Você está a serviço de cada pessoa presente, pois certamente não foi por acaso que aquela irmã veio ao seu encontro e confiou em você para trilhar essa Jornada.

Toda vez que você se sentir embriagar (e posso garantir que acontecerá) com o que está acessando e manifestando, lembre-se de que está a serviço de um propósito e que você é uma peça preciosa no quebra-cabeças de cinco mil peças. Uma importante peça, mas que não aporta sozinha o que o "Todo" pode aportar.

Você é a comandante que deixa todas seguras. Está no comando e sabe o que faz, mas um navio não pode ser conduzido sem a colaboração do grupo. Se houver uma tempestade ou dificuldade, todos confiam na liderança, na guiança e na maestria de seu comandante, porque ele está no LUGAR QUE LHE CORRESPONDE. Por isso é importante que você trabalhe suas próprias dificuldades — tanto de "ocupar espaço demais" como de "ocupar espaço de menos", sendo este último caso aquele em que questões de autovalor e autoestima ainda precisam ser curadas.

Você como Irmã-Mais-Velha também tem de se sentir parte e que tem um lugar reconhecido ali, evitando assim cair em suas próprias armadilhas de "estrutura de necessidade" (necessitar da atenção das alunas para sentir-se nutrida) ou usar a relação com o grupo para curar suas próprias feridas de vínculo.

As principais armadilhas para professoras, facilitadoras ou líderes de círculos e grupos são:

1. GRUPO COMO ÚNICA FONTE DE ADMIRAÇÃO E ACOLHIMENTO

Nesse caso, a facilitadora pendula de Professora para Amiga e confunde os lugares e momentos de atuar nesses papéis. Não significa que uma professora ou facilitadora não possa ser amiga de suas alunas e Irmãs-Mais-Novas, mas cada relação precisa estar na "gaveta" correta. Exemplo: em seu papel e no espaço em que deve atuar como líder (Irmã-Mais-Velha), usar as participantes para desabafar, vitimizando-se diante delas e, inconscientemente, dando à participante a tarefa de cuidar de você. Na relação professor/aluno, facilitadora/participante, vale a mesma regra que Bert Hellinger, das Constelações Familiares, fala sobre as relações criança/pais: O GRANDE CUIDA DO PEQUENO. Se você tem feridas grandes de vínculo, especialmente com a mãe, e está fragilizada, é natural que, ao experimentar um vínculo amoroso, possa cair nessa armadilha. Então sugiro que você tenha um espaço de terapia particular ou um grupo no qual é apenas participante e não líder, que lhe ofereça um continente para seus próprios processos pessoais de cura. Não é o caso também de você se manter escondida, endurecida ou não vulnerável. Você se revela, mostra seu coração, sua humanidade, mas só o suficiente para evitar as projeções de perfeição (Mestra ou Sacerdotisa Iluminada). Você traz suas questões e feridas pessoais, se quiser, mas de forma homeopática, para não sobrecarregar o grupo. É fragilidade versus vulnerabilidade. Na fragilidade, você sai do seu Lugar; na vulnerabilidade, você é a Comandante, que ocupa seu lugar, mas é uma pessoa como todas as outras dentro da sala, portanto, é vulnerável.

2. DIFICULDADE DE ESTAR EM CONTATO COM A PRÓPRIA VULNERABILIDADE

Se em algum momento em que você demonstrou fragilidade "passaram por cima de você", uma armadilha para esconder isso ou não entrar em contato com a própria fragilidade é o Ego = "eu sou melhor que você, sua sabedoria não é bem-vinda aqui". Estou acima e sou inalcançável. Essa postura pode até ser sustentada ao longo de vários encontros, mas com um grande custo energético para quem atua nessa dinâmica. Não serve a você, não serve ao grupo.

3. NECESSIDADE DE CONTROLAR TUDO

Aqui a Irmã-Mais-Velha quer decidir para onde o grupo vai, como vai e que resultado ela quer no final. Toda a abertura para as "infinitas possibilidades" de combinações que ficam disponíveis quando um grupo de seres diferentes se reúne com um mesmo objetivo estão fechadas. Em nosso modelo, com seu "centro móvel", a facilitadora tem um plano, tem um desenho de seu encontro, de seu dia, mas deve estar aberta a mudanças repentinas e oportunidades que aparecem. É ser como o bambu que tem vinte metros acima da terra e uma raiz firme, de igualmente vinte metros, o que lhe permite ser flexível ao vento. A facilitadora ideal em nosso modelo do Círculo da Espiritualidade Feminina tem essa firmeza e enraizamento positivos, mas, ao mesmo tempo, segue curiosa e aberta com o que o FLUXO do grupo pode apresentar. Não há certezas — a não ser a de que faremos nosso melhor — para chegar do outro lado do rio com sucesso. Como eu gosto de dizer, a vida é incontrolável. Sem falar que tentar controlar tudo dá um trabalho desgraçado e você acabará seu evento exausta e talvez até doente.

4. EMPATIA NÃO SAUDÁVEL

Aqui a facilitadora cai na própria dor dos vínculos quebrados e não consegue conectar-se, mantendo-se técnica, inacessível e mental. Neste caso, recomendo fortemente que busque ajuda ou supervisão.

5. PERMISSIVA

Aqui temos a líder que quer agradar, que tem necessidade de ser aprovada e sai de seu Lugar quando entra o padrão "criança boa para ser amada". Tem muito a ver com o que explicamos no item 1. Aqui a Irmã-Mais-Velha é pouco firme nos limites e pouco clara nas fronteiras, dando entrada para as Irmãs-Mais-Novas que "desejam tomar o poder" entrarem em ação, trazendo grande confusão para o grupo, que fica pipocando na briga de lideranças. Surge aqui um pouco o padrão "a aranha sendo comida pelas filhas". Vamos dar um exemplo: uma pessoa do grupo veio de fora e marcou um voo mais cedo, mesmo estando plenamente informada dos horários da finalização do Encontro. A facilitadora que quer agradar muda todo o programa, põe todo o grupo em estresse para cumprir o programa em menos tempo, cria tensão para que um ou dois sejam atendidos. Questões pequenas de limites, de respeito aos combinados iniciais, causam grande impacto no grupo. Outro exemplo: em um programa continuado ou retiro, uma ou duas pessoas sempre chegam atrasadas e você sempre atrasa o começo do programa para esperá-las. Se você começar seu programa exatamente no mesmo horário todos os dias, e essas pessoas perderem o início das atividades todos os dias, posso garantir que elas começarão a chegar a tempo.

Nesse quesito, apenas no primeiro dia podemos ser um pouco mais flexíveis, pois é muito ruim iniciar a fase de Inclusão com participantes faltando. Mas você sempre informa o grupo sobre o horário e quantas pessoas estão atrasadas e pergunta se tudo bem esperá-las. Para nós, brasileiros, esta parece uma regra boba e fácil de ser quebrada, mas a tenho aplicado a todos os meus Círculos e encontros e posso garantir que causa excelente impacto em todos, além de ter um efeito "organizador" em todas as presentes.

6. DIFICULDADE DE OCUPAR O LUGAR

Quando a professora ou facilitadora tem dificuldade de ocupar seu Lugar (como descrito em alguns dos itens acima), o grupo se sente inseguro e entra constantemente em processos de caos. Se seu grupo entra em processos caóticos destrutivos quase todas as vezes que se reúne, é bom verificar se você está conseguindo acessar sua "porção lobo alfa" que vai atrás e deixa as participantes seguras, embora com bastante espaço para viverem as surpresas e fluxos que aparecerem — ou se está deixando a cabine de comando vazia.

7. SÓ FOCADA NA TAREFA E NO FORMATO = RÍGIDA

Este item tem muito a ver com controle. Aqui temos a Irmã-Mais-Velha que está apenas focada em "vencer a teoria" e completar o programa, sem permitir espaço para os processos que estão emergindo. Se a facilitadora não está rastreando e está apenas com a bússola da Mente funcionando, esquecendo do Instinto e do Coração, ela não vai perceber que há um pedido de socorro circulando no grupo. Aí é hora de dar um tempo — seja para um intervalo curto (se não for a hora do lanche), seja para uma dinâmica de conversar em duplas, seja chamar para uma "ginástica laboral" ou dança, seja para chamar todo mundo lá fora e fazer alongamentos sob o sol, enfim, qualquer dinâmica que você conheça que traga alívio e abra espaço.

Aqui a facilitadora está na Mente, desconectada do campo e das necessidades do grupo. Lembrando que no formato Círculo da Espiritualidade Feminina, a atenção é sempre multidirecionada, em três níveis: pessoal-interpessoal-campo.

Quando a Irmã-Mais-Velha fica focada só na tarefa e no formato, é bom que ela veja se no fundo disso não está o medo de abrir o próprio "dique das emoções" e "perder o controle". Nesse caso, volto a recomendar que procure ajuda e tratamento.

8. GENERAL DE SI MESMA

Nesse caso, a facilitadora leva a si mesmo e ao grupo a níveis impossíveis de perfeição, que geram apenas frustração e a sensação de não estar "cumprindo a tarefa". Cobra-se demais qualquer erro cometido e, em vez de se aprender com o erro, ficam todas congeladas em autopunição.

Confie na autorregulação do grupo. Se você cometeu um erro e percebeu-o durante a noite ou no período entre um Círculo e outro, traga essa questão imediatamente no dia ou no encontro seguintes e faça as reparações necessárias.

9. PERSÉFONE

"Vê, sente, sabe" = se coloca no lugar de Guru e recebe todas as projeções desse tipo de papel. Temos aqui uma manifestação da Estrutura de Necessidade, mas que na verdade está em um lugar em que não é vulnerável e esconde as próprias fragilidades. Ao se colocar como "iluminada", esta tipologia se posiciona tão distante da humanidade das participantes que não precisa ser vulnerável e mostrar (ou ver) as próprias feridas. Essa tipologia frequentemente fica fazendo leituras de aura, dando recados de guias, enfim, todo tipo de "manifestações extraordinárias", de forma a receber atenção e um espelhamento do tipo "oh, como você é especial!".

10. SALVADORA

Muito comum em curadores, o arquétipo da Salvadora tem a ver com "salvar" o outro, "carregar seu peso", convencer o outro do melhor caminho. Tem a ver com não respeitar o tempo ou a disposição do outro de aceitar a boia que está sendo lançada. A Salvadora é um arquétipo muito pesado de carregar. Importante dizer que ela não faz o que faz por ego ou necessidade de chamar a atenção — o faz por uma justa e genuína vontade de ajudar o outro. Ou por uma profunda compaixão e empatia pela dor do outro. Talvez este tipo tenha uma rede de Neurônios-espelho maior do que a dos outros, não é? Pode parecer muito nobre atuar nesse papel, mas, na verdade, quando a Salvadora entra em ação, ela parte da premissa da fraqueza da participante e de sua incapacidade de resolver os próprios problemas. Dessa forma, igualmente, a ajuda oferecida tira poder da pessoa ajudada e é assim duplamente danosa: impede a outra de carregar o peso de suas próprias escolhas e reduz seu poder com um olhar de pena.

A melhor maneira de auxiliar não é carregando o peso da outra, mas oferecendo ferramentas que permitam à outra carregar de forma mais eficaz seus próprios problemas e liderando-a para uma solução de crescimento.

Um exemplo de Salvadora é a Irmã-Mais-Velha que tenta resolver problemas que a Irmã-Mais-Nova deveria resolver. Que dedica seu tempo, energia e habilidades para dar mais à participante que parece menos capacitada.

11. MÃEZINHA

Dificuldade de dar limite, necessidade de proteger porque não foi protegida. Aceita a projeção de mãe positiva, que a qualquer contrariedade vira mãe "monstro" e é então demonizada ou caluniada pela participante.

Como ancoradoras, guias e facilitadoras de círculos, nós sempre sofremos uma projeção de mãe que, quando mantida em uma esfera saudável, pode ser muito proveitosa. Uma forma de manter essas projeções em um lugar mais saudável é sempre estar praticando amor e inclusão com todos as participantes (até com aquela com quem você não simpatiza tanto) e dar limites sempre claros. Por exemplo, quando você mostra a rotina no primeiro dia, isso deixa o grupo seguro.

Dando limites de lugar, como no exemplo que já dei dos círculos no espaço, que é também minha casa: traço uma "linha imaginária" para demarcar onde começa o meu Espaço Sagrado. Nas projeções de Mãe, a participante (como a criança um dia) só quer receber LIMITES CLAROS E QUE FAÇAM SENTIDO, ao mesmo tempo em que se sente incluída e respeitada em suas diferenças.

12. NÃO DEIXA O CAOS EMERGIR

Aqui temos talvez a tipologia mais comum em facilitação de Círculos de Mulheres, especialmente os direcionados para propostas "tudo Luz", nos quais não há espaço de reconhecimento das Sombras. São facilitadoras que têm muitas experiências de caos destrutivo e de rompimento em grupos, sejam eles familiares, grupos profissionais, espirituais, de autodesenvolvimento ou todos eles. Elas têm medo da mudança e do conflito.

É preciso construir a coragem de permanecer no Caos e convidar o grupo a "surfá-lo", confiando no Continente escolhido para isso. Para essa tipologia de Irmã-Mais-Velha, eu recomendo que "capriche" na Inclusão. Assim, o Caos será navegado com muito mais facilidade, e será possível liderar o grupo e a si mesma para outro nível de compreensão da importância do ciclo de Caos no sentido de desmanchar velhas estruturas e construir um mundo interno e externo com conexões muito mais ricas e conscientes.

O EXERCÍCIO DAS GAVETAS

MANTENDO FRONTEIRAS CLARAS E SAUDÁVEIS NOS RELACIONAMENTOS

Devido à natureza de meus diferentes papéis, às vezes uma mesma pessoa de minha rede de contatos se relaciona comigo de diversas maneiras. Ela pode, por exemplo, ser minha aluna, minha cliente, minha amiga, minha associada como Ponto Autorizado Florais da Deusa, pode ser um Terapeuta Autorizado Polaridade Sistêmica®, uma mulher que participa de meus círculos, ou uma pessoa que me convida e organiza meus cursos. Pode ainda ser uma pessoa com quem eu também me trato ou participo de seus grupos, ocasiões em que sou a aluna. Enfim, as combinações são inúmeras.

Depois de ter causado e sido alvo de muita confusão em relação a esses papéis, criei o "Exercício de Gavetas", que consiste em COLOCAR CADA ASPECTO DA RELAÇÃO EM GAVETAS SEPARADAS.

Imagine um bonito móvel cheio de gavetas — a quantidade delas depende da complexidade da relação — identificadas conforme o assunto: "Professora/Aluna", "Irmã-Mais-Nova", "Associada profissionalmente", "Ela me cuida", "Eu cuido dela" etc. Depois de explicar para a pessoa essa imagem e esse exercício, quando uma gaveta interfere na outra você lembra gentilmente:

— Mas esta é a gaveta de nossa relação terapeuta/cliente e este assunto vamos ver na sua próxima sessão, no espaço sagrado do meu consultório, pode ser?

— Bom, já contamos as novidades e fofocamos um

pouco, agora vamos para a gaveta em que você está no papel de cliente e eu vou cuidar de você.

E assim por diante. Você realmente visualiza junto com a pessoa essas gavetas e as nomeia, sempre que for necessário. Amorosamente, gentilmente, mostrando que essa atenção e esses cuidados se devem ao fato de que ESTA É UMA RELAÇÃO QUE VOCÊ VALORIZA E COM A QUAL SE IMPORTA.

Porque, quando estamos em diferentes papéis, também aportamos diferentes qualidades. Manter fronteiras saudáveis e nomeadas é um ótimo jeito de preservar e cuidar de nossas relações.

A ORDEM DE PRECEDÊNCIA

A CHAVE DE UMA RELAÇÃO ADEQUADA E SAUDÁVEL ENTRE INICIADORAS E INICIADAS PARA HONRAR AS QUE TRILHARAM O CAMINHO ANTES DE VOCÊ

Um dos lugares em que vejo mais Sombra e interações negativas emergindo é na relação entre a pessoa que de alguma maneira mostrou o Caminho ou iniciou/ajudou uma Irmã-Mais-Nova a se transformar em uma Irmã-Mais-Velha. Aqui entra aquela síndrome de "tenho de matar a Mestra — ou a Mãe — para então ser Mestra". É como se fosse necessário negar o que se recebeu para validar o que se oferece. Acontece muito. E se manifesta também em tomar conteúdos ou dinâmicas que não foram criadas por você e apresentá-los sem citar a fonte ou como se fossem suas.

Essa é, para mim, a manifestação maior dessa quebra na irmandade feminina: a incapacidade de honrar, enaltecer e reconhecer o caminho da outra. Não interessa se você considera que sua iniciadora lhe deu pouco, se lhe deu de forma errada ou mesmo se você cresceu para longe dela ou até se a superou — se você quer ter acesso livre à Fonte das Ancestrais, precisa honrar aquela que, não interessa a idade que tenha, foi sua Irmã-Mais-Velha em algum momento, especialmente antes de você começar a ocupar este Lugar. Para o Caminho estar aberto à sua frente, irmã querida, você precisa sentir o apoio das Que Trilharam Antes — precisa sentir essas mãos quentinhas e apoiadoras nas suas costas, dizendo: "Vá em frente, filha, estou aqui para deixar entrar a Sabedoria das Ancestrais".

Frequentemente recebo e-mails de mulheres jovens que estão iniciando. Sou bastante generosa em trocar ideias, dar dicas de músicas, compartilhar arquivos, livros e dinâmicas. Também costumo ver no dia seguinte no Facebook a pessoa postando seu Círculo com as exatas palavras e temas que sugeri, sem sequer colocar um "sob a inspiração da querida Irmã-Mais-Velha" ou algo assim. Eu não tenho nenhum problema com isso, porque não necessito de reconhecimento — já o tenho bastante dentro de mim mesma e fora também — mas sempre fico pensando que esta jovem de fato abre seu caminho virando as costas Àquelas Que Vieram Antes e, mais à frente, em algum lugar mais desafiador do Caminho, a Bênção das Que Vieram Antes vai lhe fazer falta. E lamento, porque esta jovem Sacerdotisa aprenderá pelo Caminho mais pedregoso.

Nós — que somos as facilitadoras de Círculos, que estamos criando e inspirando outras a fazê-lo — temos de ter a "impecabilidade da Guerreira", ser absolutamente corretas com o que "tomamos" do Grande Caldeirão Criativo das Mulheres da Deusa e também com o que oferecemos a ele. Vejo mulheres, por exemplo, tomando a imagem de um oráculo de uma autora de fora do Brasil e usando como seu logotipo, sem pagar nenhum direito autoral. Tanta gente criativa e artista em nossos Círculos — será que não haveria uma que pudesse fazer um logotipo único, que fosse sua marca, por um valor em trabalho ou em dinheiro que fosse justo e adequado para ambas?

Podem parecer detalhes, mas talvez por eu ser uma criadora, uma escritora e uma artista, sou muito cuidadosa no sentido de explicitar as fontes e dar os créditos para todos os materiais que utilizo e que não são de minha criação. Sinto que assim mantenho LIMPAS as relações, e me comporto como gostaria que se comportassem comigo.

Vejo também essa Sombra na questão de cobrar pelo Círculo. Há aquelas que, por sua condição ou situação no momento, podem oferecê-lo de graça ou quase de graça. E há as que trabalham profissionalmente com grupos e círculos — é assim que pagam suas contas, vivem, arcam com seus estudos e seu lazer. De modo geral, existe uma formação e um investimento atrás daquela proposta, que precisa ser honrada por meio da TROCA ENERGÉTICA que o dinheiro propicia. O dinheiro traz a energia da Matéria, e quando ele é devidamente respeitado e honrado, o trabalho igualmente fica mais enraizado. Se uma troca ou um desconto é dado, é importante que você, como Irmã-Mais-Velha, não se sinta desvalorizada ou ache que está dando mais do que recebe. O equilíbrio nas relações vem também do reconhecimento do valor que cada uma tem e do valor que cada uma dá ao que recebe.

Para mim, no início, também foi difícil achar um formato em que essa honra pudesse ser feita sem que eu precisasse desocupar meu Lugar. Como fazer isso sem cair na hierarquia tradicional do acima-abaixo, do poder/sobre ao invés do poder/com? Como existir em minha POTÊNCIA desenvolvida de forma única e particular e ao mesmo tempo honrar quem veio antes de mim, incluindo até mesmo aquelas que nem conheci, cujos livros li, cujos vídeos e palestras assisti?

O que me ajudou a ORGANIZAR e me ALINHAR com o que é certo e é devido foi o que é chamado nas Constelações Familiares de A ORDEM DE PRECEDÊNCIA.

Para um Sistema ser saudável e justo, especialmente um sistema de ensino, para a "ordem do amor" estar correta, vamos "emprestar" de Bert Hellinger o conceito da Ordem de Precedência, que ele usa mais no contexto de família, com pai e mãe em seus lugares; entre irmãos mais velhos e mais novos, pais e avós, e assim por diante. Usando essa ideia, você honra aquela que foi em algum momento a sua Irmã-Mais-Velha — independentemente da idade que ela tenha — como AQUELA QUE A PRECEDEU. Ela não está ACIMA de você — ela está ATRÁS, como o lobo-alfa, protegendo a matilha. Essas Irmãs-Mais-Velhas que lhe iniciaram ou mostraram uma parte do Caminho são as suas ANCESTRAIS na senda de se tornar uma facilitadora de Círculos. Assim, você não precisa COMPETIR com elas para "cavar" seu lugar — porque você já está em Seu Lugar. Você as honra por meio da Ordem de Precedência. Não é uma relação "de cima para baixo", mas uma relação em que os Lugares estão sendo adequadamente ocupados e respeitados. Isso garante que tenhamos um Sistema saudável.

Vamos dar o exemplo da nossa querida Mirella Faur. Mirella é uma Madrinha poderosa atrás de nós — segurando nosso Campo de facilitadoras — mesmo que nunca tenhamos cruzado nossos olhos com os dela ou sentado em um de seus Círculos. Com seus livros e textos, suas palestras e Círculos, esta mulher preciosa e iniciadora trouxe a Deusa até todas nós, brasileiros, nos explicando o contexto histórico, recuperando sabedorias e conhecimentos que estavam perdidos. Reuniu-os e nos entregou com aquela generosidade que lhe é peculiar. Quando Mirella aceitou prefaciar meu *Livro de Orações à Deusa*, eu me senti TÃO abençoada

— porque uma das Grandes, uma daquelas que eu sentia com a mão nas minhas costas — que tinham me PRECEDIDO e me facilitado o caminho — agora me abençoava de forma indiscutível. E quando uma de nossas irmãs faz um grande movimento, como Soraya Mariani e seu Encontro Mundial de Círculos de Mulheres, ela ocupa para todas as que estão lá sentadas juntas e vibrando juntas o lugar de Irmã-Mais-Velha — aquela que teve a Visão, que recebeu um Chamado da Deusa e seguiu-o com todos os riscos e perigos, materializando o que lhe foi pedido. Indiscutivelmente, neste papel ela é uma das Grandes, uma das Matriarcas. Com sua energia de Donzela e sua alegria de Menina, ela ocupa o lugar daquela que abençoa, daquela que PRECEDE e portanto inspira e deve ser honrada por isso com nossa GRATIDÃO e nosso RECONHECIMENTO. Não interessa quão jovem seja uma mulher — quando ela ocupa o Lugar da que Inicia, ela é uma Matriarca, ela é Aquela Que Abençoa.

Substitua a Hierarquia pela Ordem de Precedência, fazendo uma reverência constante e contínua — em todos os seus Círculos — para Aquelas que Vieram Antes, as Matriarcas Sagradas. Assim você segue ocupando seu Lugar com toda Potência e Poder, ao mesmo tempo em que reconhece e honra a fonte de onde parte deste Poder veio.

A Ordem de Precedência sempre envolve GRATIDÃO e a gratidão é uma luz tão intensa que qualquer Sombra perde força e é integrada, virando a Guardiã das Partes Sábias e Preciosas.

TRABALHANDO EM CÍRCULO

CRIANDO UM ESPAÇO SAGRADO

PARA TRABALHAR CIRCULARMENTE, com harmonia, criando um Espaço Sagrado, é importante que observemos as seguintes diretrizes, algumas retiradas do livro *O Milionésimo Círculo*, de Jean S. Bolen, Ed. Triom. Eu sempre compartilho essas Diretrizes quando inicio um Círculo Continuado e "estudamos" juntas item por item, para reforçar as intenções e deixar no Campo as "regras" que manterão o grupo saudável e funcional:

- Criar um espaço sagrado, através da abertura dos quatro portais e do centro;
- Trabalhar com a reflexão (o silêncio — *pregnant pause* — a pausa grávida);
- Buscar a sabedoria de cada uma. Escutar. Suspender o julgamento e a ansiedade. Quando o outro falar, ouvir com 100% da atenção, sem começar a pensar no que vai ser dito;
- Falar a partir do coração e da própria pessoa — falar na 1ª pessoa do singular e não "nós"/"o grupo ou nós como grupo"/"a gente". Acostume-se a colocar o Eu antes de começar uma frase!
- Tomar responsabilidade por sua experiência, isto

é, saber que quem você é, seu poder, sua experiência e sabedoria, têm peso e importância no círculo e deve ser compartilhado: "seu poder é o meu poder"; somar e não comparar;

- Quando uma companheira a incomoda, observar primeiro a si, pois as sombras se projetam e o incômodo pode ser um espelho importante;
- Não ser a "dona da fala", permitir e dar espaço para que mesmo as pessoas mais quietas e reservadas tenham espaço para se manifestar. Um Círculo pode ser o lugar adequado para tratar nossa necessidade de atenção, mas tal atitude pode sobrecarregar o Círculo;
- Consenso. Não querer remediar diferenças rapidamente. O círculo é um continente para que as questões possam acontecer.

E as duas mais preciosas e importantes diretrizes:

- Manter a confidencialidade — não comentar fora o que acontece no grupo ou o que uma irmã compartilhou com o círculo.
- Não triangular — eu não falo de alguém ou de uma situação antes de ter falado com a(s) pessoa(s) envolvida(s).

> Eu sou um Círculo
> Eu vou te curar
> Você é um Círculo
> Você vai me curar
> Unidos somos um
> **(Canção da Espiritualidade Feminina,**
> **autor desconhecido)**

DÚVIDAS QUE PODEM TER FICADO E FONTES DE PESQUISA

Para facilitar Círculos preciso de uma Egrégora Espiritual como a que tem a Cler?

Não é necessário, irmã querida. Ter as Avós Atlantes em meus Círculos é uma ajuda e uma proteção inestimáveis, mas poderia fazer sem elas. Uma Egrégora Espiritual é algo que podemos ter secretamente, sem precisar falar para nossas Irmãs-Mais-Novas, ou pode ser uma energia reconhecida e honrada. Porém, é preciso cuidado para não cair na tipologia Perséfone (lembra dela?) e estar mais no plano espiritual do que no aqui e agora. Para facilitar Círculos e grupos de autodesenvolvimento é preciso ter raízes fortes — tão grandes e fortes como a copa. Céu e Terra têm de estar em equilíbrio.

Sempre tenho de abrir as Quatro Direções e o Centro?

Não necessariamente. Perceba como você se sente. Se você nunca abriu, teste abrir o círculo (= direções) antes em um ritual que você realize sozinha. Treine um pouco e veja se fica à vontade. O que acontece quando invocamos as direções é que tudo fica mais protegido, fluido e profundo. Além disso, todo ritual feito com as direções abertas tem grande poder de manifestação. Mas se não esqueça de encerrar no final, está bem?

Posso oferecer círculos sem ser iniciada?
Pode sim, mas estude bastante em todas as fontes que encontrar. A seguir vou listar alguns livros que indico para enriquecer seus conteúdos. Se você não foi iniciada, talvez seja bom começar com um tema predefinido como uma determinada Deusa, na visão de Jean Shinoda Bolen, por exemplo, em seu livro *As Deusas e a Mulher*. Ter um ponto de partida lhe ajudará a ter a coragem necessária. Este livro que você acabou de ler fornece um modelo testado por mim há mais de uma década e com resultados muito positivos. Uma de minhas intenções ao escrevê-lo é justamente ajudar as iniciantes e trazer elementos importantes para as experientes. Mas é preciso reiterar que, quando você participa de uma formação estruturada, que lhe dá um modelo para trabalhar, que a inicia e apoia, o Caminho é bem mais fácil e fluido.

O que eu preciso para iniciar um Círculo?
Uma ideia, um local adequado, pessoas interessadas e um coração aberto para receber todas as dicas do Universo. Mais um pouco de trabalho para criar uma proposta e mais um tanto de coragem para colocá-la em prática!

A Cler oferece supervisão e cursos de formação para facilitadoras de Círculo?

Sim, tenho um curso de Facilitadoras de Círculo Avançado, para mulheres que já lideram grupos e Círculos. E tinha também um de iniciantes que é basicamente este livro — então ficou obsoleto! Também ofereço sessões de supervisão de uma hora via Skype, que podem ser agendadas diretamente no meu site (www.clerbarbiero.com.br).

Onde eu adquiro os livros e oráculos da Cler e os produtos Florais da Deusa que são citados neste livro?
Livros, oráculos e outros conteúdos: www.clerbarbiero.com.br
Florais da Deusa: www.floraisdadeusa.com.br

DICAS DE LIVROS

Mirella Faur
Anuário da Grande Mãe (Ed. Alfabeto)
Círculo Sagrados para Mulheres Contemporâneas (Ed. Pensamento)
O Legado da Deusa (Ed. Rosa dos Tempos)
Claudiney Prieto
Todas as Deusas do Mundo (Ed. Gaia)
Mavesper Ceridwen
Wicca Brasil — Guia de Rituais das Deusas Brasileiras (Ed. Gaia)
Cler Barbiero de Vargas
Livro de Orações à Deusa (Pólen Livros)
Cristina Balieiro
O Legado das Deusas (Pólen Livros)
Jean Shinoda Bolen
O Milionésimo Círculo (Taygeta Editora)
As Deusas e a Mulher (Ed. Paulus)
Clarissa Pinkola Estés
Mulheres que Correm com Lobos (Ed. Rocco)
A Ciranda das Mulheres Sábias (Ed. Rocco)
Amy Sophia Marashinsky
O Oráculo da Deusa (Ed. Pensamento)
Starhawk
A Dança Cósmica das Feiticeiras — Guia de Rituais à Grande Deusa (Ed. Nova Era)
Jennifer Barker e Roger J.
A Deusa Interior (Ed. Cultrix)

POSFÁCIO À PRIMEIRA EDIÇÃO

O CÍRCULO SE FECHA, MAS NUNCA SE ENCERRA. FELIZ PARTIDA, FELIZ REENCONTRO, IRMÃS.

IRMÃ QUERIDA, ESTAMOS AQUI NÓS DUAS de pé na porta de saída. Estivemos juntas na jornada destas páginas, tivemos percepções juntas, concordamos em algumas coisas, discordamos em outras, mas agora é hora de nos despedir.

Estou aqui neste Lugar de Irmã-Mais-Velha e me preparo para lhe dar uma bênção. Você quer, preciosa flor do jardim da Grande Mãe? Quer sentir minha mão sobre sua cabeça, quer ouvir meus lábios sussurrando uma prece, quer fingir que não vê um rosário de pedras que coloco em sua sacola de talismãs para protegê-la na Jornada? Quando você voltar as costas a mim para partir, quer sentir a mão de todas Aquelas Que Vieram Antes apoiando o meio de suas omoplatas?

Feche os olhos, Preciosa Irmã, e receba a bênção que lhe trago agora — que carrega o sussurro de suas avós de sangue e das de Alma também, que a rodeiam com galhos de ervas e pequenos presentes e dizem — "coragem, pequena, coragem. Estamos aqui por você! Somos seus olhos na escuridão, sua bússola nas incertezas de rumo, sua lembrança de que não está sozinha nos seus planos, sonhos e projetos".

Feche os olhos, Irmã-Mais-Nova, e deixe seu pensamento ser carregado para perto de todas aquelas Sacerdotisas e mulheres da Deusa do Passado — curandeiras, benzedeiras, parteiras, vestais, conselheiras — e, diante delas, curve-se e ore. Porque todas estão aí testemunhando e abençoando sua Presença neste mundo. Não interessa se você é uma facilitadora, uma participante frequente ou se nunca participou de um Círculo de Mulheres, hoje lhe convido para render-se e receber este contato e esta bênção. Basta fechar os olhos e abrir-se, irmã preciosa, AGORA!

FLORIANÓPOLIS, JULHO DE 2016

POSFÁCIO À SEGUNDA EDIÇÃO

ASSUMINDO MINHA EXPERIÊNCIA EM UM MÉTODO DE FACILITAÇÃO DE GRUPOS E CÍRCULOS

Método Cler Barbiero

Ao longo dos anos que facilito grupos e círculos, ou que participo de eventos relacionados a eles, não foram poucas as vezes que fui rodeada por mulheres ávidas por receber orientação, ensinamentos e supervisões sobre a "arte" de facilitar grupos. Não são poucas que carregam inseguranças ou mesmo feridas profundas que podem tanto vir de sua participação em grupos quanto da facilitação dos mesmos.

Durante anos fiquei me "ensaiando", mas sempre achava que no fim seria mais uma frente a abrir nas minhas já muitas atividades e responsabilidades. Como materializadora do Sistema de Cura Essências da Deusa (www.floraisdadeusa.com.br), minha primeira responsabilidade sempre foi priorizar a gestão desse projeto tão precioso que a Grande Mãe trouxe para a Terra através de mim.

Quando escrevi este livro, achei que seria minha contribuição final às mulheres que desejavam empreender nesta área. Mas à noite eu tinha sonhos de estar ensinando não só o que está exposto nestes escritos, mas todos os conhecimentos secretos que me foram passados pelas Avós Atlantes, as Ancestrais de Luz que são a estrutura espiritual por trás dos meus círculos, bem como os conhecimentos que tenho de outras vidas e que foram despertados ao longo desses anos de caminho espiritual e de autodesenvolvimento.

Eram sonhos recorrentes, portanto estava claro que – em alguma instância – havia o desejo de passar adiante esses conhecimentos. Na verdade, de criar uma LINHAGEM de conhecimentos que são uma síntese do caminho que minha Alma tem percorrido ao longo destas 77 mil encarnações que carrego. Mas, ainda assim, não sentia a coragem necessária para a tarefa.

Em final de 2016 fui diagnosticada com um câncer na mama esquerda. Em estágio inicial, não muito agressivo, tratável, operável, manejável. Enquanto os médicos faziam coisas de médico, fui ao encontro das terapias que me ajudariam a entender o que minha biologia estava tentando curar e mostrar. Encontrei na ancestralidade paterna as respostas que procurava, encontrei em mim os medos e o excesso de exigência que eram a manifestação dessa herança – onde eu tentava "pagar os pecados" de minhas Ancestrais. E então decidi tirar um ano sabático para me curar, refletir, me conectar novamente com os anseios do Coração.

Pintei loucamente – uma atividade em que estava meio "travada" – e voltei a expor. Meu estúdio virou meu local sagrado, onde passei os dias rodeada dos meus quadros de Arumieh Arte Curativa e de meus gatos e cães, dando tempo para o corpo se recuperar da cirurgia e para a Alma reencontrar suas alegrias. De janeiro a setembro de 2017 eu não sabia nada sobre o que queria fazer quando voltasse do ano de "folga" – só sabia que não queria mais atender, porque os atendimentos presenciais que fazia (que duravam de três a quatro horas) eram um esforço que eu queria agora direcionar para o coletivo, isto é, eu queria impactar não só UMA pessoa por vez, mas GRUPOS de pessoas.

Meu corpo novamente tinha me dado o presente de mostrar que não sou eterna, que a força de cavalo selvagem que tive até meus 46 anos, quando entrei em menopausa, foi substituída pela sabedoria – e a vulnerabilidade – que só vêm com a idade. E então senti que era hora de começar a tecer o LEGADO de conhecimentos que chegam através de minha Presença neste lindo planetinha azul e que vai ser deixado quando eu me for. Os conhecimentos que acesso e os que produzo são inseparáveis e únicos, então decidi batizá-los com meu nome mesmo, não desde o lugar do Ego, mas do lugar de quem deixa claro – para Facilitadoras e Participantes dos grupos e círculos das pessoas que formo – que atrás, protegendo o Campo, está uma linhagem de conhecimentos, iniciações e sínteses PESSOAIS – de alguém que realmente TRILHOU o Caminho. E porque sinto fortemente que precisamos de um senso de TRIBO. Quando uma mulher é nomeada como Facilitadora Autorizada Método Cler Barbiero, ela ocupa um LUGAR, ela PERTENCE – de forma clara e inquestionável – a uma Linhagem de Conhecimentos.

O Método Cler Barbiero é desenhado para ser sistêmico. Cada vez que uma cura acontece num dos círculos do Método, ela se espalha no Campo Mórfico das Mulheres do Mundo, e muitas mulheres recebem esta cura. Uma mulher iniciada no Método é um Canal pelo qual passam muitas bênçãos e uma sabedoria que não está ligada a nenhuma religião ou filosofia, mas ligada intimamente ao retorno da presença do Divino Feminino da Terra.

Assim que, amadas irmãs-mais-novas, minha aventura como Senhora do Caldeirão começou com a primeira Formação Método Cler Barbiero de Círculos e Grupos que iniciou em Florianópolis em abril de 2018 e seguirá vida afora por meio dessas Semeadoras. A cada uma dessas mulheres que senta numa Roda para receber o que tenho a ensinar eu agradeço pela confiança, pela oportunidade de olhar nos olhos e conhecer ou – quem sabe – simplesmente as reencontrar.

Testa no chão, deixo aqui minha reverência a tudo o que veio antes de mim, ao que emana de mim e ao que manifesto. Juntas, vamos mudar o mundo!

Com amor,
Cler Barbiero de Vargas
dezembro de 2018

Para entrar em contato com as Facilitadoras Autorizadas Método Cler Barbiero, visite meu site, onde você encontra a listagem completa de todas as que já completaram a formação: www.clerbarbiero.com.br

Grafia atualizada segundo o Acordo Ortográfico da Língua Portuguesa de 1990, que entrou em vigor no Brasil em 2009.

Preparação de texto
LIZANDRA MAGON DE ALMEIDA

Revisão
VIRGÍNIA VICARI

Projeto gráfico e capa
DOROTÉIA DESIGN, SOBRE ILUSTRAÇÃO DA AUTORA

Diagramação
EQUIPE PÓLEN LIVROS

Vargas, Cler Barbiero de.
A Sombra nos Grupos e Círculos de Mulheres; um guia para conscientizar, integrar e curar relações femininas / Cler Barbiero de Vargas texto e ilustração. – São Paulo : Pólen, 2019
112 p.
Inclui Bibliografia

ISBN 978-85-98349-66-4

1. Feminismo 2. Círculo de Mulheres II. Título.

14-01752 CDD 301.412/305.42

PÓLEN PRODUÇÃO EDITORIAL LTDA.
Telefone: (11) 3675-6077
www.polenlivros.com.br

FONTE DIN
PAPEL Pólen Bold 90g/m²
IMPRESSÃO Rettec Artes Graficas e Editora
2ª reimpressão, outubro de 2019